BESTNOTE OHNE PAUKEN

– das Geheimnis der Super-Schüler

Wie du sofort bessere Noten schreibst.

Clever lernen dank effektiver Lerntechniken

Michael Bergmeier

Michael Bergmeier
ISBN 978-3-96786-013-9

VIRTUOSO
books and more

1. Auflage 2020

1. Auflage 2020

Michael Bergmeier

ISBN 978-3-96786-013-9

Inhaltsverzeichnis

Vorwort

Endlich erfolgreich in der Schule!

Bye, bye Lernstress

Wochenlanges Pauken, lähmende Prüfungsangst und das gut bekannte „Aufschieber-Syndrom“: Schüler haben es nicht immer einfach...

Vielleicht macht auch dir das ein oder andere Lernproblem zu schaffen oder du kannst dich nur schwer zum Lernen motivieren.

Mein Ratgeber ist das Richtige für alle, die schneller, besser und effektiver lernen wollen. Egal, ob du deinem Notenschnitt den „letzten Schliff“ geben oder ob du ihn erheblich verbessern möchtest – mit den Tipps und Tricks, die ich dir in meinem Buch vorstelle, ist beides möglich.

Ich zeige dir, dank welcher cleveren Lerntechniken das anstrengende Büffeln sofort der Vergangenheit angehört. Du gewinnst dadurch nicht nur Spaß am Lernen, sondern auch mehr Freizeit für deine Lieblingshobbys! Aus diesem Grund sind für dich geeignete Lerntechniken, die Berücksichtigung des Lerntyps und auch die Effektivität beim Lernen sehr wichtig.
Übrigens funktionieren alle Methoden nicht nur für Schüler, sondern ebenso für Studenten und Berufstätige.

Ein bisschen über mich

Bevor wir loslegen, möchte ich mich dir kurz vorstellen. Mein Name ist Michael Bergmeier und ich bin als Manager tätig. Bereits als junger Mensch interessierte ich mich für psychologische Methoden und Techniken, die einen persönlich wie beruflich schneller voranbringen. Deshalb bilde ich mich in diesen Bereichen regelmäßig fort.

Wenn ich eines in meiner Schulzeit und meinem Berufsleben gelernt habe, dann, dass es wichtig ist, effizient zu arbeiten. Damit erzielst du nicht nur beste Ergebnisse beziehungsweise BESTNOTEN, sondern kommst auch viel schneller vorwärts! Wenn du also deine Vision von besseren Noten realisieren möchtest, dann gehe analytisch vor. Finde zuerst deine innere Motivation. Als zweiten Schritt definierst du deine Ziele und schließlich suchst du dir für dich passende Lerntechniken und -strategien heraus, mit welchen du deine Ziele noch leichter erreichst.

So, das war es auch schon mit dem „theoretischen Teil". Lass uns nun direkt starten! Ich wünsche dir viel Spaß beim Eintauchen in die Welt des Lernens... los geht´s!

Dein Michael Bergmeier

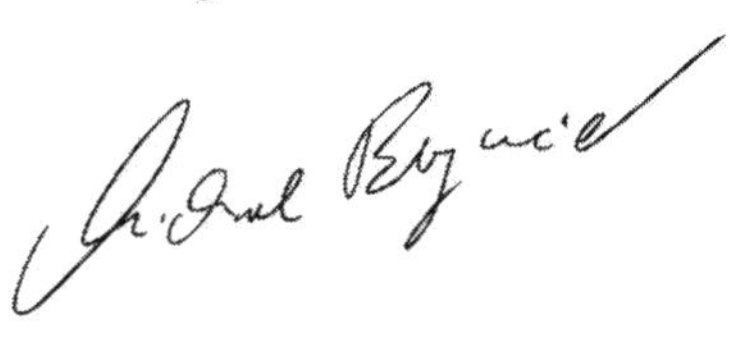

Wovon du profitierst, wenn du mein Buch liest

- **Lernen leicht gemacht:**
  Clevere Lerntechniken & Test „Finde deinen Lerntyp heraus!"
- **Endlich ohne Bammel in die Prüfung:**
  Die besten Ratschläge, mit denen du deine Angst überwindest
- **Schneller lernen, damit mehr Freizeit für dich herausspringt:**
  Zeitmanagement, Fokus & Konzentration
- **Bestens vorbereitet für gute Noten:**
  Geniale Prüfungsvorbereitung & Lernplan-Erstellung
- **Fehlende Motivation? Kein Problem:**
  Wie du das Aufschieber-Syndrom in den Griff bekommst
- **Lernschwächen?**
  Bonuskapitel für Eltern und Schüler: Erfolgreich lernen mit AD(H)S, Legasthenie und Dyskalkulie

EINLEITUNG IN DIE WELT DES LERNENS

„Es ist keine Schande, nichts zu wissen, wohl aber, nichts lernen zu wollen." – Sokrates (griechischer Philosoph)

Unser ganzes Leben ist ein einziger Lernprozess. Wer nicht lernt, bleibt stehen. Von klein auf sind wir wissbegierig und wollen täglich neue Dinge hinzulernen. Dies geschieht auf unterschiedlichen Wegen, sei es anhand von Wissen anderer Menschen (Fachwissen von z.B. Lehrern, Professoren etc.), durch regelmäßiges Wiederholen bestimmter Sachverhalte oder durch das Sammeln eigener Lebenserfahrungen.

Mein großes, persönliches Ziel ist es, ein Leben lang zu lernen. Dadurch ergeben sich großartige Chancen, beruflich und privat, aber auch im Hinblick auf die Persönlichkeitsbildung und -entwicklung.

Im ersten Augenblick magst du vielleicht denken: „Lebenslanges Lernen, das schreckt mich eher ab, als dass ich Vorteile dadurch habe". Dies liegt vor allem daran, dass wir mit dem Begriff „Lernen" eher negative Gedanken assoziieren. Kaum jemand verbindet das Lernen mit Spaß, Unterhaltung und Zufriedenheit. Hier ist es aber von entscheidender Bedeutung, dass wir uns gedanklich neu programmieren. Dauerhafte Aufnahme eines neuen Wissens ist für jeden von uns unerlässlich, insbesondere aufgrund des immer schneller fortschreitenden gesellschaftlichen und wirtschaftlichen Wandels.

Unabhängig davon, was du lernst oder zukünftig lernen möchtest: Lerntechniken und -methoden geben dir, sofern du sie richtig einsetzt, einen enormen Vorteil. Du wirst die Dinge nachhaltig aufnehmen und das Gelernte langfristig in deinem Gehirn abspeichern. So kannst du bei deiner nächsten Prüfung zu absoluter Höchstform auflaufen.

Ist LERNEN denn wirklich so kinderleicht? Ja, ist es!

Lass die „Aufschieberitis“ beim Lernen hinter dir und sage deiner Prüfungsangst adé! Du wirst in diesem Buch sehr leicht umsetzbare Techniken an die Hand bekommen, welche du entsprechend deinen individuellen Wünschen anpassen kannst. „Einfach Lernen lernen“ lautet die Kernbotschaft dieses Buches. Hierzu verrate ich dir meine besten Lernmethoden. Zudem lüfte ich das Geheimnis gehirngerechten Lernens, damit du zukünftig keinerlei Mühe beim Lernen hast und sogar mit einer gesunden Portion Spaß an die Sache rangehst!

Eine witzige Selbstreflektion: Was bremst dich bisher aus?

Im Folgenden findest du ein paar witzig gemeinte Beispiele für „Lerncharaktere", mit denen du dich vielleicht identifizieren kannst. Wichtig dabei ist: Sei unbedingt ehrlich zu dir selbst, denn nur so kannst du deine Herangehensweise an das Lernen verbessern und ab sofort Bestnoten schreiben!

Der Rohdiamant

Weißt du vielleicht gar nicht so richtig, woran es liegt, dass du keine Bestnoten kassierst? Du lernst eigentlich deiner Meinung nach ausreichend, aber es bleibt einfach zu wenig hängen? Wenn das der Grund ist, warum du dieses Buch liest, habe ich eine gute Nachricht für dich. Bestimmt wirst du hier deinen persönlichen Lerncharakter ausfindig machen können und passende Lerntechniken für dich finden. Nach etwas Übung wirst du sehen, dass dir das Lernen schon viel leichter fällt und du endlich deine langersehnten Top-Noten nach Hause bringst!

Der Ängstliche

Ist deine Prüfungsangst der Grund, warum du noch nicht die Noten schreibst, die du dir vorstellst? Bist du bestens vorbereitet, aber scheiterst letztendlich daran, dass du vor lauter Aufregung im Test einfach alles vergisst? Keine Sorge! In diesem Buch findest du Tipps, wie du dich optimal auf Prüfungen vorbereitest und deinen „Bammel" in den Griff kriegst.

Der Aufschieber

„Was du heute kannst lernen, das verschiebe gern auf morgen."

Wenn das dein Motto ist, gehörst du definitiv zu den Aufschiebern. Sie zögern die Prüfungsvorbereitung oft so lange hinaus, bis es nicht mehr länger geht. Ich kenne diese Sorte von „Lerncharakter". In meiner Schulzeit gab es sogar solche, die erst KURZ VOR der Prüfung einen Teil des Stoffs schnell noch auswendig gelernt haben. Ich habe die Lösung: Ab jetzt hat der extreme Nervenkitzel kurz vor der Prüfung ein Ende für dich. Du findest hier Tipps, wie du dich motivieren und dir einen Lernplan erstellen kannst, sodass du nicht mehr so leicht in die Aufschieberitis fällst. Notiere dir außerdem, was die Gründe für dein Drückeberger-Syndrom sind. Wenn gar nichts hilft, empfehle ich, dir ein Ziel zu setzen. Wieso nimmst du dir nicht einfach vor, dich an deinen (selbst erstellten) Lernplan zu halten? Du schaffst das sicher, ich glaube an dich!

DER VIELBESCHÄFTIGTE

Draußen schönes Wetter, die Sonne scheint und die Freunde warten schon in der Eisdiele! Da lässt man den Lern-Kram auf dem Schreibtisch doch glatt liegen. Falls dir diese Situation bekannt vorkommt und sie öfter als nur einmal die Woche auftritt, gehörst du vielleicht zu den „Vielbeschäftigten". Sie haben eine Menge an Freunden und Hobbys und ihr Terminkalender ist vollgestopft mit (meist) „angenehmeren" Dingen als das Lernen. Doch ab jetzt wird alles anders! Du lernst Techniken und Methoden kennen, mit denen du viel effektiver und schneller lernst! Wenn du dieses Buch also aufmerksam durchliest, wirst du einige interessante Lern-Beschleuniger für dich entdecken, mit denen du deine kostbare Freizeit verdoppeln kannst.

DER SUPER-SCHÜLER

Du bist ein sehr genauer und zielstrebiger Mensch, bereitest dich vorbildlich auf Prüfungen vor und sahnst eine nach der anderen Bestnote ab. Doch so ehrgeizig wie du bist, ist dir eine 1- einfach nicht gut genug. Deshalb bist du ständig auf der Suche nach neuen Strategien, mit denen du deine Leistung verbessern kannst. Wenn du dich zu dieser Sorte Schüler zählst, dann gehörst du einer eher seltenen Spezies an. Herzlichen Glückwunsch! Du machst bereits alles richtig. In meinem Buch wirst du sicher fündig und entdeckst dir noch unbekannte Methoden, mit denen du deine Lerntechnik weiter optimieren kannst.

Na, erkennst du dich wieder? Ich gehörte zu meiner Schulzeit (ist schon eine Weile her...) übrigens zu den „Aufschiebern". Was mir extrem für mein Selbstbewusstsein geholfen hat, war, mir realistische Ziele zu setzen, die ich unbedingt erreichen wollte. So verwandelte ich mich ziemlich plötzlich vom Drückeberger in einen motivierten Schüler, der Bestnoten nach Hause gebracht hat!

Das Geheimnis der Super-Schüler

Vielleicht kennst du den einen oder anderen Super-Schüler sogar persönlich. Bestimmt gibt es in deinem Umfeld einen Klassenkameraden oder Klassenüberspringer, der die Einser augenscheinlich magisch anzieht. Du kannst einiges von solchen Schülern lernen, ganz egal, ob du mit ihnen befreundet bist oder nicht. Ihr Geheimnis erfährst du nun von mir. Natürlich kann und will ich nicht alle über einen Kamm scheren, doch die meisten Super-Schüler, die ich kannte und kenne, haben eine Sache gemeinsam. Es ist eine simple Sache und doch ihr größtes Erfolgsrezept...

Sie sind nicht besonders intelligent.
Sie sind nicht hochbegabt.
Sie sind nicht unbedingt „Lehrers Liebling“ oder gehen ausgesprochen gern zur Schule.
Sie geben nicht immer 100 Prozent und begeistern sich nicht für jedes Fach (auch wenn es einem eventuell manchmal so vorkommt).
Sie sind nicht zwingend „Streber“, wie sie oft von Klassenkameraden bezeichnet werden.
Sondern sie sind motiviert!

Wie jetzt - „motiviert“? Hast du mit etwas anderem gerechnet? Hast du geglaubt, bei ihrem gut behüteten Geheimnis handle es sich um eine Art Zauberei? Oder hast du mit etwas furchtbar Speziellem gerechnet, was sie anders machen als der Durchschnittsschüler?

Da muss ich dich enttäuschen. Ihr größtes Geheimnis und der Schlüssel zum Erfolg, nicht nur in der Schule, sondern in allen Lebensbereichen, ist ihre (Selbst)-Motivation.

Hast du etwas, das du unglaublich gern machst und worin du sehr gut bist? Vielleicht malst du gern, liebst Volleyball, Fußball oder bist sehr versiert im Umgang mit einem Instrument. Vielleicht tanzt du Hip-Hop wie ein Profi oder hast ein gutes Händchen fürs Verkleiden und Schminken. Ganz egal, was deine Spezialität sein mag, DU BIST GUT DARIN, WEIL DU ES MACHEN **WILLST**. Da du es aus freien Stücken machst, es dir Spaß macht und du es oft tust, stellst du dich auch so geschickt dabei an. Keiner zwingt dich, es zu tun. Du bekommst weder eine Belohnung dafür noch eine Strafe, wenn du es mal auslässt. Was auch immer dein Grund, deine innere Motivation ist, es zu betreiben – die Motivation kommt aus deinem Inneren, dir selbst.

Stelle dir nun vor, du wärst beim Lernen genauso motiviert wie bei deinem Lieblingshobby. Na, glaubst du, du würdest gute Noten bekommen? (Achtung! Das ist eine ironische Frage.)

Jetzt mal ehrlich: selbstverständlich würdest du bessere beziehungsweise sogar Bestnoten bekommen, rein theoretisch. Niemand kann dich aber zwingen, die gleiche Motivation für die Schule aufzubringen wie für deine Lieblingsfreizeitbeschäftigung. Tja, das klappt eben nur freiwillig.

Und das ist der große Vorteil, den die Super-Schüler den durchschnittlichen Schülern gegenüber haben. Auch wenn sie es vielleicht nicht zeigen oder du es ihnen nicht anmerkst, irgendetwas treibt sie innerlich enorm an! Sie legen ihren Fokus auf die Schule und haben ein klares Ziel vor Augen. Sie wollen unbedingt gute Noten, vielleicht um später zu ihrem Traumstudium zugelassen zu werden oder ihren Traumjob bekommen zu können. Oder sie sind sehr ehrgeizig und wollen es ihren Lehrern, Klassenkameraden, Eltern, aber vor allem sich selbst beweisen, dass sie gut in der Schule sind.

Was können wir nun mit dieser Erkenntnis anfangen? Du kennst jetzt ihr Geheimnis, aber vielleicht hast du einfach nicht die Motivation für die Schule? Vielleicht macht dir das Lernen bisher keinen Spaß? Und du gehst auch gar nicht so gern in die Schule?

Keine Sorge, ich verrate dir die Lösung. Damit sie funktioniert, ist es wichtig, dass du dich darauf einlässt und ganz ehrlich zu dir selbst bist.

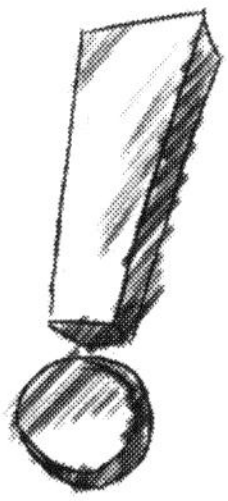

Du musst dir überlegen, was du wirklich willst, musst Ziele finden und definieren, die du unbedingt erreichen willst. Solch ein Ziel ist nicht etwa „gute Noten schreiben", nein, das Ziel dahinter wäre zum Beispiel: „Ich möchte eine Ausbildungsstelle als Grafikdesigner bekommen" oder „ich möchte ein Medizinstudium anfangen". „Ich möchte es endlich allen und mir selbst beweisen, dass ich clever bin und die Schule rocke", „ich möchte die Anerkennung und das Lob bekommen, wenn ich gute Noten nach Hause bringe" usw.

Im nächsten Kapitel „Lernmotivation & Belohnen" erkläre ich dir, was eigentlich Motivation ist und welche Arten es gibt. In diesem Kapitel werden wir gemeinsam deine innere Motivation finden, mit der wir dann weiterarbeiten können. Denn jeder Mensch hat irgendetwas, das ihn innerlich antreibt!

Lernmotivation & Belohnen

Lass uns mit dem angenehmen Teil des Lernens beginnen: dem Belohnen. Genauer gesagt möchte ich dir hier erklären, was einen Menschen erfolgreich und willensstark macht und wie man seine Lernmotivation steigern kann.

Dazu ist es wichtig, dass du begreifst, wie der Mensch tickt und wie du dich selbst motivieren kannst.

Was ist eigentlich Lernmotivation?

Lernmotivation meint den Antrieb, den jemand zum Lernen hat. Wie stark dieser Antrieb ist, hängt vor allem ab vom Lernwillen, der Lernfreude und -bereitschaft sowie von allen handlungsbegleitenden Emotionen. Neben den kognitiven Aspekten (also die Denkprozesse betreffend) sind auch die emotionalen Empfindungen und sozialen Aspekte von Bedeutung. Stimmung und Umgebung können einen starken Einfluss auf das Lernen haben. Sie entscheiden mit, ob der Weg erfolgreich wird.

Die Lernmotivation bestimmt, wie intensiv das Lernen ist. Je motivierter du bist, desto mehr Lernstoff kannst du aufnehmen. Um deine Lernmotivation zu steigern oder hoch zu halten, ist es wichtig, dir eine angenehme Lernsituation sowie angenehme Anreize zum Lernen zu schaffen.

Der Begriff „Motivation"

Einfach ausgedrückt ist Motivation der Zustand eines Menschen zu einem gewissen Zeitpunkt beziehungsweise in einer bestimmten Situation. Dieser Zustand besagt, wie stark der Antrieb ist, etwas zu leisten oder sich in eine Sache einzubringen. Motivation ist als die Energie zu verstehen, die jemanden dazu bringt, etwas zu tun. Man könnte die Motivation auch als einen Energiezustand bezüglich einer bestimmten Sache definieren. Auslöser der Motivation sind Motive. Das Motiv ist die Absicht, die ein Mensch verfolgt und die hinter einer Handlung steht. Aus dieser Absicht heraus entsteht sozusagen erst die Handlung. Demnach reicht ein Motiv allein nicht aus, um eine Handlung zu bewirken. Damit der Mensch wirklich handelt, braucht er einen Antrieb, nämlich die Motivation.

Welche Arten von Motiven gibt es?

- Primäre Motive sind angeboren oder biologischer Natur

Für das Überleben müssen die Grundbedürfnisse erfüllt sein. Atmen, Hunger, Durst, Schmerzfreiheit, Schlaf, Erhalten der Körpertemperatur und Sexualität gelten als Primärmotive. Sie sichern den Fortbestand der gesamten Art und jedes Einzelnen. Ebenso gehören auch Flucht und Schutz sowie die Suche nach Zufluchtsorten zu den Primärmotiven. Auch der Kampf und die Verteidigung dienen dem Selbstschutz – also den Primärmotiven.

- Sekundäre Motive sind angeeignet

Durch Lernprozesse und das Sammeln von Erfahrungen bilden sich im Laufe der Zeit Sekundärmotivationen heraus. Sie sind für die Entwicklung und Selbstverwirklichung jedes Einzelnen wichtig. Zu den Sekundärmotiven gehören Macht und Reichtum, Leistung, Erfolg sowie auch Anerkennung oder Zugehörigkeit.

Was motiviert dich zu deinen Handlungen, was sind also deine Motive?

Intrinsische und extrinsische Motivation

Durch deine inneren Empfindungen kannst du intrinsische - echte Motivationen auslösen und somit hervorrufen. Die extrinsische - äußere Motivation dagegen wird von äußeren Faktoren hervorgerufen. Intrinsische – innere, echte Begeisterung wird somit von ganz allein durch das Erfüllen von Bedürfnissen oder Sehnsüchten ausgelöst.

Finde deine wahre Motivation!

Was ist deine intrinsische Motivation, was sind deine Träume und Ziele? Welche Motive stecken dahinter? Lass es uns gemeinsam herausfinden.

Schreibe alle deine Wünsche und Träume, die dir in den Sinn kommen, auf ein Blatt Papier. Du brauchst dabei überhaupt nicht darüber nachzudenken, ob deren Umsetzung realistisch ist. Bewerte nicht, sondern zähle einfach nur auf.

Im nächsten Schritt filterst du deine Träume dann in „umsetzbar" und „nicht umsetzbar". Jetzt bleiben dir die Träume übrig, die auch realisierbar wären.

Dann schaust du dir deine realisierbaren Träume genau an und überlegst, in welche du tatsächlich bereit bist zu investieren und für deren Erreichung zu arbeiten. Die restlichen streichst du von der Liste.

So, fast geschafft! Du hast nun noch genau die Träume übrig, die dir wirklich wichtig sind. Aus diesen Träumen lass uns nun ZIELE kreieren.

Um nun deine Ziele zu kreieren, definieren und zu planen, schaue dazu in das Kapitel „Lernzeit verkürzen" – „Ziele setzen & erreichen". Diese Anleitung kannst du übrigens für alle Arten von Zielen verwenden, ganz egal, ob schulische, berufliche oder private. Viel Spaß!

Es benötigt übrigens Zeit, dir darüber klar zu werden, was dir wirklich wichtig ist. Was sind nur Träumereien und was deine wirklichen Visionen, für die du bereit bist, zu schwitzen und alles zu geben? Setze dich nicht unter Zeitdruck, um das herauszufinden.

Es gibt Menschen, die sich diese Liste vielleicht in ein paar Stunden erarbeiten können. Und dann gibt es wiederum Menschen, die sich ihr ganzes Leben lang nicht wirklich klar werden über ihre Ziele.

Ziele können sich übrigens auch ändern. Menschen verändern sich über die Jahre hinweg, vor allem junge Menschen. Wenn du merkst, dass dir ein Ziel nicht mehr wichtig ist, dann solltest du davon ablassen und nicht aus reiner Sturheit weiter dranbleiben. Denn die Wahrscheinlichkeit, dass du ein Ziel erreichst, das dir gar nichts bedeutet, ist ohnehin geringer. Hast du deine Ziele und Visionen allerdings gründlich erarbeitet, so wird es nicht die Regel sein, dass sie sich ändern oder sie dir später nicht mehr wichtig sind.

Wie lernmotiviert bist du?

Jeder kennt es! Komplexe Formeln sowie Themen, die einen nicht interessieren, sind wohl für jeden ein Grauen. Ablenkung und andere Aufgaben, die gerade viel angenehmer erscheinen, sind da verlockend. Ein kurzes Verschieben, um sich emotional auf die eher unangenehmen Aufgaben vorzubereiten, ist manchmal in Ordnung. Jedoch sollten dann auch wirklich und zeitnah die „ungeliebten" Aufgaben erledigt werden.

Faulheit sowie Bequemlichkeit fördern dieses Aufschieben von unangenehmen Aufgaben. Bestimmte Aufgaben brauchen einfach ein gewisses Zeitmanagement sowie Organisation. Fehlen diese, kann es ebenfalls zu einem Scheitern beim Erfüllen der Aufgabe kommen. Auch Menschen, die sich schnell ablenken lassen, fällt es besonders schwer, solche Aufgaben zu erfüllen. Ebenfalls kann es vorkommen, dass die eigene Angst, man könnte versagen, einen von vornherein daran hindert, die Aufgabe auszuführen. So werden aus Stunden Tage und aus Tagen Wochen.

Diese Wochen stapeln sich zu Monaten und die Aufgabe wird immer weiter verschoben. Durch den Zeitdruck, der irgendwann entsteht, entwickelt sich Stress. Dieser Stress löst oft ein Gefühl der Überforderung aus. Der Versuch, Prioritäten zu setzen und sich an die eigenen gesetzten Prioritäten zu halten, spielt dabei eine wichtige Rolle.

Was kannst du also ab sofort gegen das „Aufschieber-Syndrom" unternehmen?

Steigere deine Lernmotivation

- Selbstreflektion

Warum schiebst du alles auf? Um einen Weg aus dem Aufschieben zu finden, musst du dir diese Frage ganz offen stellen. Sie ist der Schlüssel zur Lösung der Probleme. Was genau stört dich an dieser oder jener Aufgabe? Wie kannst du sie interessanter gestalten? Wer sich diese Fragen ehrlich beantwortet, hat die Chance, ganz leicht das Beginnen und Abarbeiten der Aufgaben zu meistern.

- Ablenkungen vernichten

Ablenkung ist der beste Freund des Aufschiebens. Durch den Gruppenzwang, immer up to date sein zu wollen, sind wir oft unbemerkt überfordert oder abgelenkt von Aufgaben, die unsere komplette Aufmerksamkeit erfordern. Um etwas mehr Ruhe für die eigentliche Aufgabe zu erhalten, sollte man Handy, Fernseher, Radio oder auch zu viel Lärm verbannen. Sucht man sich zur Abwechslung einen stillen und ruhigen Platz, wird man erstaunt sein, dass es einem wirklich leichter fällt, sich zu konzentrieren und bei der Sache zu bleiben.

- Multitasking war gestern!

Ständige Erreichbarkeit, ständig online sein, nebenher ständig andere Aufgaben erledigen – das verstehen wir unter Multitasking. Dieses Multitasking lässt niemanden zur Ruhe kommen, auch die Aufmerksamkeit ist nie wirklich auf eine Sache fixiert, sondern springt wild zwischen all dem hin und her.

Setze deinen Fokus auf eine Aufgabe, bevor du eine andere beginnst. Schließe eines nach dem anderen ab.

- Priorität - der Schlüssel!

Erstelle eine Liste der Tätigkeiten und ordne diese nach deren Wichtigkeit. Schreibe immer deine Aufgabenfrist dahinter. Diese sollte realistisch und einzuhalten sein. Diese Liste ist das tägliche Mantra.

Sie wird eingehalten und es gibt keine Abweichung davon. Nach einer Zeit der Gewöhnung an Listen ist das Abarbeiten ein fester Bestandteil und erleichtert die Erarbeitung der Aufgaben um ein Vielfaches. Plane die Zeiten so ein, dass wenig Stress entsteht, dieser Druck bremst dich ansonsten aus.

- Realität im Auge

Die Ziele müssen, um Frust zu vermeiden, immer realistisch gestaltet werden. Alles andere setzt dich unnötig unter Druck und erzeugt jede Menge Stress. So genannte Pufferzeiten können eine Abhilfe schaffen. Sie lassen kleine Schludereien zu und fangen Verzögerungen ab.

Wie du dich selbst belohnst – Das Belohnungssystem

Im Jahr 1954 entdeckte man das Belohnungssystem, welches aus verschiedenen Reihen von Arealen sowie Nervenverbindungen besteht. Das Dopamin, der Botenstoff des Glücks, spielt in diesem System die größte Rolle. Das System agiert als eine Art Schaltkreis. Bei bestimmten Reizen von außen reagiert es. Das kann zum Beispiel der Duft deines Lieblingsparfüms sein. Dadurch generiert das System eine Art Drang, welchen die Großhirnrinde dann bewusst erfasst. So entsteht der Befehl an den Körper, diesen Drang zu befriedigen. Folge: Ein bestimmtes Verlangen wird dir bewusst. Wenn du beispielsweise deine Lieblingsspeise zu dir nimmst, aktivierst du dein Belohnungssystem bereits.

Das passiert also ständig und ist ganz alltäglich. Dabei geben Neuronen diese lustvollen Empfindungen im Gehirn weiter und es wird Dopamin ausgeschüttet. Neuronen sind übrigens Nervenzellen, die auf die Überleitung von Erregung spezialisiert sind.

Das Belohnungssystem setzt sich aus mehreren Hirnregionen zusammen. Gemeinsam beeinflussen diese Regionen Entscheidungen sowie auch die Art der Motivation eines jeden. Diese Motivation ist wichtig, um die eigenen Ziele zu erreichen. Durch das Verständnis für das eigene Belohnungssystem kann es beeinflusst und für sich genutzt werden.

Dopamin ist, wie wir bereits wissen, verantwortlich für das Hochgefühl. Übertragen wird dieses Hochgefühl durch Neurotransmitterstoffe im Gehirn. Diese sind Botenstoffe, die dafür zuständig sind, dass im Gehirn bestimmte Informationen hin und her transportiert werden. Um Erlebtes zu verarbeiten, bedarf es des Einsatzes dieser Neurotransmitterstoffe.

Allein der Gedanke an etwas Schönes sowie die Vorfreude, etwas Tolles zu erleben, genügen, um das Dopamin aktiv werden zu lassen. Je öfter solche schönen Erinnerungen abgespeichert werden, desto stärker verlangt das Gehirn nach Wiederholungen dieser Aktivitäten, die als angenehme Erinnerungen gespeichert sind. Hat man für sich eine Handlung oder Belohnung gefunden, die Glücksgefühle auslöst, ist es demnach sehr leicht, die Ausschüttung des Dopamins im Gehirn zu beeinflussen. Das Streben nach Glück ist, vereinfacht gesagt, das Streben nach der Ausschüttung von Dopamin. Damit Dopamin ausgeschüttet wird, genügt es bei etwas Übung sogar, sich lediglich eine schöne Erinnerung ins Gedächtnis zu rufen und nachzuerleben.

Was sind Belohnungswerte?

Die Belohnungswerte richten sich nach dem eigenen Empfinden. Manche Tätigkeiten lösen mehr Dopamin als andere aus und werden somit von einem höheren Glücksgefühl begleitet. Es ist von Mensch zu Mensch unterschiedlich, wie eine Sache empfunden wird.

Wenn du etwas geschafft hast und dich am liebsten mit dem Hören von Musik belohnen möchtest, ist dein Belohnungslevel für Musik höher als zum Beispiel das, ein gutes Buch zu lesen. Andernfalls hättest du dich ja nach getaner Arbeit dafür entschieden, dich mit einem spannenden Buch zu belohnen. Belohnungswerte sind also etwas absolut Subjektives und vom Empfinden der Person abhängig.

Finde heraus, welchen Dingen du den höchsten Belohnungswert zuschreibst!

Schreibe alles auf, was dir spontan einfällt, was dir Freude bereitet und was du als Belohnung empfindest. Du brauchst dabei überhaupt nicht darüber nachzudenken, ob dessen Umsetzung realistisch ist.

Bewerte nicht, sondern zähle einfach nur auf. Mit dieser Methode kannst du dein System der Belohnungswerte analysieren und herausfinden, womit du dich besonders gut belohnen kannst. Im nächsten Schritt filterst du deine Belohnungen dann in „umsetzbar“ und „nicht umsetzbar“. Jetzt hast du eine Liste mit starken Belohnungen, mit denen du dich ab sofort motivieren kannst.

Kategorisiere nun diese Belohnungen in ihre Belohnungswerte: A=sehr hoher Belohnungswert, B=mittlerer Belohnungswert und C=niedriger Belohnungswert. Dadurch fällt es dir später noch leichter, die richtigen Belohnungen zu wählen. Für kleinere Tests zwischendurch wählst du einfach eine Belohnung aus der C-Liste, wohingegen du für eine sehr große und wichtige Prüfung oder sogar deine Abschlussprüfung eine Belohnung aus der A-Liste wählst. Die A-Liste kannst du natürlich auch mit deinen Eltern absprechen. Vielleicht erfüllen sie dir deinen Wunsch vom Traumurlaub oder kommen für deinen Führerschein auf, wenn du einen grandiosen Schulabschluss hinlegst.

Wichtig ist, dass du mit diesem Belohnungssystem gewissenhaft umgehst.

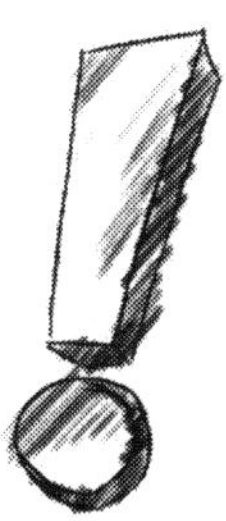

Gönne dir die Belohnung wirklich nur dann, wenn du sie dir verdient hast. Und verzichte keinesfalls auf sie, wenn du deine Bestnote ergattert hast. Du solltest dich so schnell wie möglich belohnen, sobald du von deiner guten Leistung erfahren hast. Am besten direkt danach beziehungsweise zumindest noch am selben Tag.

So „rockst" du Prüfungen

Auch Angst kann ein wertvolles Gefühl sein. Die Prüfungsangst kann, wenn man versteht wie, gut genutzt werden. Im folgenden Text erfährst du, wie du dich optimal auf deine Prüfung vorbereitest und deine Angst überwindest.

Wie du dich optimal auf deine Prüfung vorbereitest

Vorbereitung ist alles. Dabei spielt es keine Rolle, ob es sich um die Prüfung an einer Schule bzw. Uni handelt oder die Prüfung im Rahmen deiner Arbeit oder Ausbildung stattfindet. Mit der richtigen Vorbereitung ist alles zu schaffen. Denn die optimale Vorbereitung wird dir ein Gefühl von Sicherheit geben und deine Angst zum Teil oder sogar ganz beseitigen.

Um schnelle Erfolge zu erzielen und eine gute Vorgehensweise sicherzustellen, empfiehlt sich ein Lernplan. Durch die Planung des Lernstoffes befasst man sich unbewusst schon mit dem Thema und bereitet sich auf den Lernprozess vor.
Durch einen Lernplan können auch gezielt kleine Wiederholungen zur Festigung eines unliebsamen Themas eingebaut werden. Die Planung sollte immer einen Monat im Voraus stattfinden, um genug Zeit zu haben und nicht in Zeitdruck und

damit verbundenen Stress zu verfallen. Ebenfalls bietet der Lernplan die tolle Möglichkeit der Erfolgsübersicht.

Anmeldung und Fristen

Für manche Prüfungen muss man sich anmelden, wofür es wiederum Fristen gibt. Mache dich gleich zu Beginn schlau darüber und melde dich rechtzeitig an.

Stundenplan erstellen

Die Prüfungsleistungen sowie die Fächer können am besten im Überblick behalten werden, wenn du sie in eine Liste einträgst. Dieser Überblick ermöglicht eine erste Einschätzung aller Themenbereiche, die später für die Prüfungen relevant sind. Zusätzlich trägst du in deine Liste zu jedem Fach ein, welcher Lernstoff gelernt werden muss und welche Zeitfenster dabei zur Verfügung stehen.

Arbeitsmaterialien auflisten

Die Lernquellen und Quelltexte sollten bereits nach dem Erstellen des Stundenplans besorgt und griffbereit aufbewahrt werden. Vor allem wichtige Textstellen können im Voraus wundervoll zusammengesucht und abgeheftet werden. Dies verinnerlicht schon einmal das Grundthema und sorgt dafür, dass später alles da ist, was du zum Lernen brauchst. Auch Hilfsmittel wie Bleistift, Lineal, Radiergummi oder Kopfhörer und Hörbücher mit dem Lerninhalt sollten sich immer griffbereit befinden.

Prioritäten setzen - Inhalte ordnen

Setze dich in Ruhe hin und frage dich, welches Fach dir am einfachsten erscheint. Bei diesem wird dir das Lernen entsprechend leichtfallen. Danach überlege genau, welches Fach sich für dich am schwierigsten gestaltet und für schlaflose Nächte sorgen wird, weil der Lernstoff einfach nicht in den Kopf möchte. Dieses Fach ist ein Fach, worauf du deinen Schwerpunkt legen solltest.

> Gehe jedes Fach gedanklich durch und stufe es nach deinem Befinden als schwer, mittelleicht und leicht zu lernen ein. Danach legst du deine Prioritäten immer auf die schweren Fächer beim Erstellen deines Lernplanes. Plane viel mehr Zeit und Wiederholungen für diese ein. Denke auch an ausreichend Entspannungsphasen zwischen den Lerneinheiten, vielleicht ist es sinnvoll, wenn

du dir ein paar mehr Pausen gönnst bei Fächern, die dir weniger liegen. Es kann dir vor allem helfen, immer wieder Zusammenfassungen aufzuschreiben und diese nach jeder Lerneinheit erneut durchzugehen.

Erstelle einen groben Zeitplan

Nachtmensch oder Tagmensch? Dies kann eine große Rolle spielen, wenn es um die beste Zeit zum Lernen geht. Es bringt nichts, gegen sich selbst anzukämpfen. Nachtmenschen lernen einfach nachts am besten, während der Tagmensch schon frühmorgens aktiv ist. Entsprechend deines persönlichen Rhythmus planst du deine Zeit ein.

Konkreter Zeitplan mit Kalender

Überlege dir, wie lange du benötigst, um dir den Lernstoff anzueignen. Frage dazu deine Lehrkraft nach einer Einschätzung und ziehe auch eigene Erfahrungswerte zu Rate. Wenn du x-Tage oder x-Wochen festgelegt hast, berechne, ob dir noch genügend Zeit bleibt bis zur Prüfung. Wenn du rechtzeitig mit dem Lernen beginnst (und das solltest du!), dürfte das kein Problem sein. Den Tag der Prüfung weißt du in aller Regel auch. Die x-Tage oder x-Wochen sind also der Zeitraum, den du festgelegt hast oder der dir übrig bleibt bis zum Test.

Das Startdatum deines Lernplans setzt du auf den ersten Tag, an dem du beginnst zu lernen. Du solltest so früh wie möglich beginnen. Setze das letzte Datum so, dass es auf den Tag fällt, an dem das Gelernte sitzen muss. Behalte dir lieber mehrere Tage als Puffer, sodass du noch Zeit übrig hast, bis die Prüfung stattfindet. Überlege dir nicht nur die Tageszeit, zu welcher du lernst, sondern auch die Dauer, die du lernen möchtest. Es bringt nichts, sich selbst unter Druck zu setzen. Man sollte es jedoch auch nicht schleifen lassen. Wenn du diese grobe Planung abgeschlossen hast - am besten notierst du dir stichpunktartig deine Gedanken dazu - kann es an den Kalender gehen. Nimm dir für den Anfang eine Lernzeit von 2-4 Stunden pro Tag vor, ohne Ablenkung und Störung.

Baue von Anfang an insgesamt 3 bis 6 zusätzliche Lerneinheiten als Puffer in deinen Plan ein, diese werden am Ende sinnvoll sein, wenn ein Thema doch nicht so sitzt, wie es soll.

Beispiel-Lernplan

Im Folgenden findest du einen von mir erstellten Beispiel-Lehrplan. Lernzeiten habe ich mit maximal 4 Stunden festgelegt. Zwischen jeder Lerneinheit liegt eine Pause von 15 Minuten. Mit „Nachbereiten" ist eine Wiederholung des bereits Gelernten gemeint. Am Wochenende entschied ich mich dafür, meine Freizeit zu genießen und Platz für anderes zu lassen, wie zum Beispiel Freunde zu treffen oder Sport zu treiben. Der Abend eignet sich übrigens sehr gut für das Nachbereiten. Erlerntes bleibt besser im Gedächtnis, wenn man es vor dem Zubettgehen wiederholt. Jeder Mensch ist aber anders, deshalb probiere es einfach selbst aus! Selbstverständlich kann dein Lernplan ganz anders aussehen, je nachdem, in welche Schulklasse du gehst oder ob du vielleicht sogar schon studierst. Der Plan wird dich motivieren und dir Sicherheit geben. Gestalte den Lernplan so, dass er für dich gut umsetzbar ist und er wird dir eine Menge an Selbstvertrauen und das Gefühl von Sicherheit bescheren!

Uhrzeit	**Montag**	**Dienstag**	**Mittwoch**	**Donnerstag**	**Freitag**
8-10 Uhr	Schule	Schule	Schule	Schule	Schule
10-12 Uhr	Schule	Schule	Schule	Schule	Schule
12-14 Uhr	Schule	Schule	Schule	Schule	Schule
14-16 Uhr	Lerneinheit 1	Schule	Freizeit	Freizeit	Freizeit
16-18 Uhr	Lerneinheit 2	Freizeit	Lerneinheit 1	Lerneinheit 1	Lerneinheit 1
18-20 Uhr	Freizeit	Freizeit	Lerneinheit 2	Lerneinheit 2	Lerneinheit 2
20-22 Uhr	Freizeit	Nachbereiten	Freizeit	Freizeit	Nachbereiten

Vor der Prüfung

Nun ist die Zeit der Belohnungen, des Entspannens und des Genießens. Die Prüfungsvorbereitung liegt hinter dir, der Test selbst noch vor dir. Damit du gestärkt zu dieser Aufgabe übergehen kannst, ist es nun wichtig, zu entspannen und sich zu belohnen.

Um die Konzentrationsfähigkeit zu steigern, solltest du dich viel an der frischen Luft bewegen. Dies versorgt das Gehirn mit zusätzlichem Sauerstoff und ermöglicht so ein besseres Denken. Genauso wichtig ist ausreichend Schlaf, der Körper muss regenerieren können. Sage dir immer wieder laut ein Mantra auf. Sei dabei von dir selbst überzeugt: „Ich schaffe das!"

Vermeide alles, was dir nicht guttut oder schlechte Gedanken auslöst, gehe positiv auf deine Prüfungen zu.

Ein Tag vor der Prüfung

Einen Tag vor deiner Prüfung bringt es nichts, zu versuchen, den gesamten Stoff nochmal „einzupauken". Eine kurze Wiederholung der wichtigsten Inhalte genügt vollkommen, wenn du dich bisher an deinen Plan gehalten hast. In diesem Falle bist du ohnehin bestens vorbereitet!

Ablenkung ist manchmal die beste Medizin, um einen freien Kopf zu bekommen, vor allem vor einer Prüfung. Am Abend vor der Prüfung ist es wichtig, sich alle erlaubten Hilfsmittel sowie alles an benötigtem Material zurechtzulegen. Lege dich frühzeitig zum Schlafen und erinnere dich an deine Erfolge, dann schläfst du mit einem positiven Gefühl ein.

Tag X der Prüfung

Nimm dir ausreichend zu trinken mit. Eine Wechseldusche regt den Kreislauf an und macht wach, ein wacher Geist ist ebenso nötig wie ein schönes Frühstück. Mache dich früh auf den Weg, um auch bei kleinen Missgeschicken auf jeden Fall pünktlich dort zu sein. Nimm die Nervosität an und lass sie dabei sein. Sie ist ein Teil von dir, das ist ok. Lies in der Prüfungssituation selbst unbedingt alle Aufgabenstellungen zwei Mal durch und beginne ganz ruhig und langsam, sie zu lösen.

Denke daran, alle nötigen Unterlagen oder Hilfsmittel sowie etwas zu essen und trinken mitzunehmen.

PRÜFUNGSANGST ADÉ

Was ist Prüfungsangst?

Prüfungsangst ist bei der richtigen Vorbereitung irrational. Jedoch lässt sich die Prüfungsangst davon nicht wirklich beeindrucken und ist oft dennoch vorhanden.

Weitere beispielhafte Gründe für deine Prüfungsangst können sein:

- Umweltbedingt
- Der Einfluss der Familie
- Du hast schlechte Erfahrungen gemacht

Die Angst

Angst muss sich nicht auf ein bestimmtes Objekt oder eine Bedrohung beziehen. Sie kann einfach als ein Gemütszustand zustande kommen und qualvoll für den Betroffenen zu spüren sein. Angst ist immer mit der Erwartung einer Bedrohung verbunden.

Durch den Hypothalamus wird bei Stress sowie in angstauslösenden Situationen ein CRH, Corticotropin Releasing Hormon, aktiviert. Dieses stimuliert die Hypophyse und regt die Ausschüttung des ACTH, Adrenocorticotropin, an. Das ACTH ist ein Hormon, welches Corticoide abgibt. Corticoide wiederum sind Hormone, die der Körper selbst produziert, die aber auch von außen eingenommen werden können. Sie wirken vielseitig, unter anderem werden sie als Stresshormone bezeichnet.

Es gibt in der Einstufung der Angst zwei Ebenen. In der Persönlichkeitspsychologie wird die Angst in generelle Ängstlichkeit sowie in Angst aus einem hervorgerufenen Zustand eingeteilt.

Was löst eigentlich Angst aus und wie zeigt sie sich?

Angst kann allein durch Gedanken entstehen. Dabei genügt es meist schon, an einen Raum, eine Situation oder Person sowie auch an eine bevorstehende Prüfung zu denken. Zumeist äußert sich diese Angst dann in plötzlichen Panikattacken und bringt zahlreiche körperliche Symptome mit sich:

beispielsweise Zittern, Schwindel, Herzrasen, Übelkeit, Schweißausbrüche, Brustenge, Atemnot.

Es gibt auch Menschen, denen schlägt die Panik auf den Magen. Neben Magenschmerzen und Erbrechen ist es auch möglich, an Durchfall zu leiden. Auch Kopfschmerzen, Ohnmachtsgefühle, weite Pupillen, Schweißausbrüche, Harndrang oder Erschöpfung sind keine seltene Begleiterscheinung einer Panikattacke.

Bei einer Angststörung kommen verschiedenen Faktoren zusammen. Diese reichen von einer Veranlagung dafür bis hin zu Dauerstress, der von außen einwirkt und sein Übriges tut.

Beispiel für die Entstehung der Prüfungsangst

Durch die eigene Einschätzung entsteht ein beängstigender Eindruck. Man fragt sich „was wäre, wenn" und schon gehen die Horrorszenarien los. Doch wie vermeidet man diese Gedanken? Warum empfindet man genau dies als beängstigend?

Im Folgenden erkläre ich dir das ABC-Prinzip des Angst-Ablaufs und veranschauliche es dir mit einem Beispiel.

Das ABC im Gefühlsdschungel

- A steht für die soeben erlebte Situation sowie das geistige Ausmalen der Lage.
- B speichert dieses Erlebnis anhand von Erfahrungen als positiv oder negativ ab.
- C steht für das Befinden des Körpers und des Geistes sowie für das Verhalten und die Reaktion auf die eingetretene Situation.

Das ABC am Beispiel der Prüfungsangst

- A: Erlebte Situation oder die reine Vorstellung davon: Der Mathe-Test
- B: Situation wird bewertet: „Es wäre schlimm, wenn ich beim Mathe-Test versagen würde und mit einer Note 5 nach Hause müsste"
- C: Eigene Gefühle und Verhalten: Angst (der Körper reagiert zum Beispiel mit innerlicher Unruhe, Bauchschmerzen, Schweißausbrüchen, Zittern, Herzrasen, geistiger Abwesenheit oder „Blackouts" usw.)

Der Mensch funktioniert zumeist nach diesem Prinzip, Ausnahmen bilden dagegen nur Reflexe und angeborene Reaktionsweisen. Durch Erfahrungen und gesammelte Erlebnisse kann der Körper blitzschnell auf Situationen reagieren, diese einstufen und dann die Handlung, abgestimmt auf die Gefühlsreaktion, veranlassen. Diese Abfolge ist von Geburt an vorhanden, dadurch funktioniert sie automatisch.

Was steckt hinter der Prüfungsangst?

Die Gedanken sind bei einer Prüfungsangst wohl der größte Feind. Gedanken quälen von innen heraus und steigern den inneren Druck sowie die Angst. „Was denken die anderen, wenn ich durchfalle? Wenn ich es nicht schaffe, ist alles vorbei! Wenn ich versage, lachen bestimmt alle?!"

Durch die Angst vor Prüfungen kommt es häufig zu einer inneren Blockade, die Mitschuld an schlechteren Noten tragen kann. Nicht nur Schüler, sondern auch Erwachsene und Studenten zeigen durch diesen Druck oftmals eine schlechtere Leistung. Durch das Bewusstsein, sich in einer Prüfung zu befinden, steigern sich das Unwohlsein sowie die Angst. Das beeinträchtigt das Können. Umso wichtiger werden ein intensives Vorbereiten und Üben.

Ergreife Initiative und bereite dich vor. Die Prüfungsleistung ändert nichts an dir als Person oder deiner Bedeutung im Leben deiner Mitmenschen. Denke an das Bestehen deiner Prüfung und verbanne den Gedanken an ein Versagen. Nutze die Kraft der positiven Gedanken, um einen freien Kopf zu behalten. Baue Entspannungspausen ein und halte dein Stresslevel so unten.

Wenn das Gefühl, nicht allein zurechtzukommen, einfach zu stark ist, suche dir professionelle Unterstützung. Bestimmte Beratungsstellen haben sich genau auf Prüfungsangst spezialisiert und bieten schnelle Hilfen für einen sanften Weg aus der Angst. Vielleicht ist auch die Teilnahme an einer Selbsthilfegruppe eine Alternative. Diese führt geprüfte Therapieansätze gemeinsam mit den Betroffenen durch. Noch dazu sieht man, dass man nicht allein in dieser Situation ist.

Das Unterdrücken der Angst oder Vermeiden der Situationen bringt leider nichts. Durch diesen Versuch setzt sich die Angst nur noch tiefer fest und wartet auf den geeigneten Zeitpunkt, um einem den Boden unter den Füßen wegzureißen. Auch der Versuch, die Probleme in Alkohol zu ertränken oder durch Drogen zu unterdrücken, ist keine Alternative.

Hier stelle ich dir ein paar leicht umsetzbare Methoden vor, mit denen du deine Angst reduzieren beziehungsweise loswerden kannst.

- **Übungen der Atmung**

Durch Angst verfallen viele Menschen in eine Art falsche Atmung. Diese wirkt sich schlecht auf das Gehirn aus, da durch die zu schnelle und flache Atmung zu wenig Sauerstoff in das Gehirn gelangt. Versuche ruhig durch die Nase einzuatmen und den Atem zu spüren. Durch den Mund wird die Luft ganz langsam mit einem leichten Pusten wieder herausgelassen.

- **Entspannung**

Durch die progressive Muskelentspannung kann ein positiver Einfluss auf stressbedingte Verspannungen erzeugt werden. Durch die Einfachheit dieser Methode und die universelle Art der Anwendung lässt sich die Übung überall und zu jeder Zeit einsetzen. Auch jede andere Form der Entspannung, zum Beispiel Fantasiereisen, kann ich dir empfehlen.

- **Selbsthypnose**

Suche dir einen ruhigen Platz in gemütlicher Kleidung. Die Zeitspanne, die du brauchst, beträgt ca. 15 Minuten, in denen niemand stören sollte. Sitzen oder Liegen, dies bleibt ganz dir überlassen. Nimm dir diese Zeit nur für dich!
Schließe die Augen und stelle dir vor, eine große helle Wolke schwebt vor dir. Alle Ängste und Sorgen wandern in die weiche Wattewolke und verschwinden darin. Wenn die Ängste gut verpackt sind, schubse die Wolke von dir weg und schaue zu, wie sie von dir wegfliegt und schließlich am Horizont verschwindet.

Atme tief ein und wieder aus, spüre den Atem und folge diesem gedanklich durch den Körper. Bei jedem Einatmen kommt mehr Entspannung in den Körper, die restlichen Sorgen und Zweifel werden mit dem Ausatmen herausgespült. Fühle das Atmen, merke, wie es den Körper reinigt und Ruhe mit sich bringt. Es gibt die Variante, sich eine schöne Erinnerung hervorzuholen und das Ganze damit zu verstärken. Oder sage dir ein Mantra mehrmals laut vor: „Mein Atem reinigt mich und ich fühle mich frei!“

- **Sport**

Körperliche Betätigung ist eine gute Maßnahme, um Angst zu reduzieren. Adrenalin, Insulin, Cortisol und Noradrenalin werden durch Angst ausgeschüttet und vermehrt. Sportliche Aktivitäten bauen diese Stoffe auf eine sanfte Weise ab und schleusen sie aus dem Körper, bevor eine Schädigung der Organe erfolgen kann. Bei dem Abbau werden gleichzeitig Endorphine, also Hormone, die Glücksgefühle bewirken, freigesetzt. Bereits 30 Minuten Sport am Tag machen deutlich resistenter gegenüber Stress und Angst. Bewegung ist also eine tolle Möglichkeit, um Prüfungsängste abzubauen!

Wie du dich vom Leistungsdruck verabschiedest

Schon im Grundschulalter können der Leistungsdruck, das frühe Aufstehen und der Perfektionismus zu unerwünschtem Stress führen. Dieser kann Auswirkungen auf die Entwicklung haben.

Vergleich und Leistungsdruck

Durch den ständigen Vergleich mit anderen kann ein enormer Leistungsdruck entstehen. Dies geschieht in der Schule genauso häufig wie in der Uni oder später im Job. Der Drang, besser zu sein als die Mitschüler, steuert diesen Druck. Mit dem Wissen, zu den Besseren zu gehören, siegt zumeist die Angst, seinen Platz zu verlieren und nicht halten zu können. Dieser innere Wettkampf erzeugt Unmengen an Druck.

Besinne dich auf dich selbst und versuche, keine Vergleiche zu ziehen. Vergleiche als solche bringen natürlich auch Vorteile, doch dafür muss das Selbstvertrauen vorhanden sein, dass man selbst gut ist, so wie man ist. Es geht um das eigene Leben und die eigene Sichtweise auf sich selbst. Jeder Mensch hat eigene Ziele, Voraussetzungen und Lebensweisen. Somit hat jeder individuelle Stärken und Schwächen, das sollte man akzeptieren.

Neben Vergleichen kann natürlich auch ein Druck von außen zu Leistungsdruck führen, wenn zum Beispiel von Schülern verlangt wird, Bestnoten abzuliefern. Natürlich wünschen sich Eltern gute Noten für ihr Kind, doch sollten sie darauf achten, es nicht zu sehr unter Druck zu setzen. Jeder Mensch reagiert übrigens anders auf Druck, egal ob dieser von außen oder innen kommt. Manche können sehr gut mit Druck umgehen oder er spornt sie sogar zu Höchstleistungen an. Andere zerbrechen daran. Auch das sollte man immer beachten.

LERNZEIT VERKÜRZEN

Zeit ist wertvoll und kostbar. Sie ist begrenzt. Die Zeit vergeht ständig. Manchmal vergeht sie wie im Flug, manchmal gar nicht, vor allem, wenn einem langweilig ist. Bestimmt kennst du das. Ein wichtiger Punkt, wenn du deine Lernzeit verkürzen willst, um mehr Freizeit übrig zu haben, ist, dass du lernst, Zeit sinnvoll zu nutzen.

Also: Don´t waste your time! „Zeit ist Geld", wie es so schön heißt. Ziel ist es, mit deiner Zeit professioneller umzugehen und sie effektiver zu nutzen, damit du nicht nur schneller wirst beim Lernen, sondern auch bessere Noten schreibst. Aus diesem Grund stelle ich dir im Kapitel „So rockst du Prüfungen - Wie du dich optimal auf deine Prüfung vorbereitest" genau vor, wie du einen individuellen Lernplan gestaltest. Auch ein Lernplan unterstützt dich darin, mit deiner Zeit besser und sinnvoller umzugehen.

Die Methoden, die ich dir nun vorstelle, kannst du nicht nur für die Schule anwenden, sondern auch für deinen Beruf oder dein Privatleben. Sie helfen dir, effektiver zu lernen und alltägliche Dinge und Verpflichtungen schneller zu erledigen. Damit du mehr Freizeit genießen kannst!

- **Zeitlich begrenzen!**

Das Gefühl, dass die Liste sich füllt und das Abarbeiten hinterher hängt, ist keine Seltenheit. Meist liegt es daran, dass man unbewusst die Dinge verschiebt und neue sich dazu gesellen. Es gibt jedoch eine einfache Lösung: Den Druck minimieren und die Aufgaben von vornherein per Deadline festlegen. Die App-Funktion auf dem Handy kann genauso gut wie ein Kalender oder ein Stundenplan dabei behilflich sein. Wichtig ist nur, dass der Zeitrahmen realistisch festgelegt wird.

- **72 Stunden**

In diesen 72 Stunden sollte das Vorhandene Formen annehmen und begonnen werden. Laut Studien ist dies die Zeit, die einem bleibt, um erfolgreich damit zu beginnen. Jede weitere Stunde lässt die Prozentzahl des Erfolges sinken. Es kommt auf die Überwindung des inneren Schweinehundes an sowie auf die Entschlossenheit, die Aufgaben in Angriff zu nehmen. Solltest du zu den Menschen gehören, denen ein Anfang leichtfällt, kannst du diese Regel außer Acht lassen.

- **Gewohnheiten und Routinen schaffen**

Gestalte deinen Tag sinnvoll und strukturiert. Nimm dir zum Beispiel vor, jeden Morgen zu meditieren oder jeden zweiten Nachmittag ins Fitnessstudio zu gehen. Es geht hierbei darum, dass du dadurch deine Selbstdisziplin und Produktivität im Allgemeinen trainierst. Du wirst merken, wie sehr dir gute Gewohnheiten und nützliche Routinen guttun! Sie bringen Struktur in dein Leben und stärken deine Leistungsfähigkeit. Du besiegst deinen inneren Schweinehund, da du dich daran gewöhnst, bestimmte Dinge regelmäßig zu erledigen.

- **Der frühe Vogel fängt den Wurm**

Wenn du ein Morgenmensch bist, sollten die ersten Stunden des Tages dafür genutzt werden, mit den wichtigsten Aufgaben zu beginnen.
Am Morgen, also nach dem Aufstehen, sobald du dich hochgefahren hast, bist du nämlich am fittesten.

Nimm dir die wichtigste und vor allem denkintensivste Aufgabe zuerst vor und starte mit ihr als Lerneinheit. Damit ist kostbare Zeit am sinnvollsten genutzt. Außerdem stellst du sicher, schwierige und komplexe Aufgaben gewissenhafter und besser zu erledigen. Wenn du in die Schule musst, geht das natürlich nicht, außer du bist ein echter Frühaufsteher und erledigst solche wichtigen Lerneinheiten, noch bevor du in den Unterricht gehst. Ansonsten käme vielleicht das Wochenende in Frage.

- **Prioritäten setzen mit der ABC-Methode**

Die ABC-Methode kann dir eine wertvolle Hilfe dabei sein, Prioritäten für Aufgaben festzulegen.

Die Aufgaben können leicht in die ABC-Kategorien einsortiert werden. A steht natürlich für die wichtigsten Aufgaben, B umfasst Aufgaben mit einer mittleren Wichtigkeit und C steht für die Aufgaben mit dem geringsten Aufwand. Vor allem für eine gute Zeitplanung bei dieser Methode ist es von Vorteil, die Wichtigkeit der Aufgaben vorab festzulegen. Die Aufgaben werden betrachtet und dementsprechend eingeteilt. Dies geschieht natürlich nach dem eigenen Ermessen. Auch das Umsortieren ist erlaubt, sollte sich jedoch in Grenzen halten.

- **Planen auf lange Sicht**

Das Wichtigste ist die Planung. Am Anfang genügt es, kleine Ziele zu setzen und diese auch zu verfolgen, danach kann die Größe des Zieles dem eigenen Ermessen und Pensum angepasst werden. Um nicht aus dem Zeitplan zu fallen, ist es ratsam, sich feste Zeiten zum Lernen einzuplanen und diese auch einzuhalten. Durch die erstellte To-Do-Liste ist es einfach, den Zeitplan anzupassen.

Leichte Pufferzeiten, um schwierigen Lernstoff nochmals genauer durchzunehmen, sollten immer vorhanden sein. Das Schöne an dieser

Herangehensweise ist die eigene Kontrolle über die Lernerfolge. Lieber etwas mehr Zeit einplanen, als sich selbst in stressige Situationen zu führen.

- **Pareto-Prinzip**

Die 80-20 Regel, oder auch das Pareto Prinzip genannt, eignet sich besonders gut für das Zeitmanagement.

Die Regel zielt darauf ab, dass mit 20 Prozent Zeitaufwand schon 80 Prozent des Ergebnisses geschafft werden können. Somit spart man sich 80 Prozent der Zeit. Wenn es einem gelingt, konzentriert zu arbeiten und die 20 Prozent Zeitaufwand in die richtigen Aufgaben zu investieren, hat man demnach viel Zeit gewonnen. Wer von vorneherein versucht, mit aller Kraft die 100 Prozent zu erreichen, wird eventuell an seiner Verbissenheit hängen bleiben und viel länger brauchen, als es nötig gewesen wäre. Oft investiert man seine Energie nämlich in unnötige Dinge und hat dann für die wichtigen keine mehr übrig. Überlege dir, bevor du mit etwas beginnst, welche Aufgaben wirklich wichtig sind.

Für Arbeiten, bei denen nicht alle einzelnen Schritte von höchster Wichtigkeit sind, eignet sich diese Methode ideal, da sie wahre Zeit verschafft.

Wichtigen Aufgaben, die das Bestehen der Prüfung ausmachen, schreibt man Hebelwirkungen zu. Sie sind unabdingbar für den ganzen Lernprozess sowie für die Prüfung. Durch das Pareto-Prinzip hält man zwischen den Arbeitsschritten immer wieder Rücksprache mit sich selbst. Es gehört zu den abstrakten Zeitmanagement-Methoden.

- **Not-To-Do´s**

In dieser Liste und ihrer Entstehung geht es darum, sich mit schlechten Angewohnheiten auseinanderzusetzen. Diese werden dann notiert, um sich selbst daran zu erinnern, diese nicht mehr zu tun. Dazu gehören vor allem auch Gewohnheiten, die sich dem Lernen in den Weg stellen oder einen von dem eigentlichen Ziel ablenken.

- **ALPEN-Methode**

Diese Methode ist beliebt und hilfreich, um einen besseren Überblick über alle offenen Aufgaben und Erledigungen zu erhalten.

Das A steht für Aufgaben, die noch erledigt werden müssen.
Das L steht für Länge. Es sollte den Zeitbedarf eingrenzen und widerspiegeln, vor allem für eine gute Planung ist dieser Schritt sehr wichtig. Nimm dir hierfür Zeit und überlege genau.

Das P steht für Pufferzeiten. Diese sollten von vornherein eingeplant werden. Ca. 40 Prozent der Arbeitszeit sollte in einen Puffer einfließen.
Das E steht für Entscheidungen. Kontrolliere die Aufgaben aus A und versuche grob abzuschätzen, inwieweit die Wichtigkeit besteht und welche Aufgaben wie getauscht werden sollten. Danach unbedingt den Zeitplan nochmals mit überprüfen.

Das N steht für die Nachkontrolle. Diese dient der Kontrolle des Plans. Überprüfe alles im Einzelnen. Nur wenn der Plan komplett stimmig ist, kann das Ergebnis es auch sein. Durch das Erstellen der ALPEN-Methode steht der Plan in Kürze fest, die andere Zeit kann zum Entspannen und vor allem zum Wohlfühlen genutzt werden. Viel frische Luft für ein besseres Denkvermögen begünstigt die Umsetzung des Plans.

- **Eat the frog**

Das Schwierigste zuerst und der Rest ist leicht gemacht, so sagt es ein Sprichwort und es stimmt. Schaue bereits am Tag vorher, welche Aufgabe wirklich nicht schön erscheint und setze diese für den nächsten Tag als erstes an. Am nächsten Morgen beißt du in den sauren Apfel und startest direkt. Das Schöne daran ist, es bringt nicht nur Erleichterung, wenn es abgearbeitet wurde, sondern auch Stolz!

- **10-10-10 Methode**

Für schnellere und bessere Entscheidungen eignet sich die 10er Methode. Vor allem das Treffen von Entscheidungen ist wichtig im Leben. Kurze und schnelle Entscheidungen sind zumeist ein Zeichen von Erfolg.

Die 10-10-10 Methode sorgt dafür, dass nicht zu lange überlegt wird. Vor der nächsten Entscheidung fragst du dich einfach: welche Folgen entstehen möglicherweise aus meiner Entscheidung? Erstens in 10 Minuten, zweitens in 10 Monaten und drittens in 10 Jahren? Dies verdeutlicht die Perspektiven einer Entscheidung. Durch die neue Betrachtung ändert sich der Blickwinkel und ganz neue Möglichkeiten werden entdeckt.

- **Getting Things Done**

Bei diesem Prinzip gilt es, sämtliche zu erledigende Dinge schriftlich zu erfassen. Dieser Prozess schafft dir zunächst ein Gefühl für die Aufgaben. Nun folgt das Durchsehen all dieser Aufgaben mit Hinblick darauf, wann sie erledigt werden sollen. Auch das Delegieren überlegst du dir an dieser Stelle, also die Entscheidung, wer die Bearbeitung einzelner Dinge übernehmen kann. Deine Vorhaben lassen sich leichter organisieren, indem du sie nach Kategorien ordnest. Diese können zum Beispiel so aussehen: Besorgen, Daheim, Schule, Lesen. Wichtig ist dabei, alle erforderlichen Schritte einer Aufgabe zu erkennen und einzeln zu notieren. Schon geht es an deren Erledigung. Das erneute Durchsehen deiner Listen hilft dir anschließend, diese wieder auf den neuesten Stand zu bringen. Wer einen ordentlichen Plan hat, kann diesen auch sinnvoll nutzen.
Es folgen vier weitere Kriterien, die zum Sortieren der Aufgaben beitragen sollen:
1. Kontext – 2. Verfügbare Zeit – 3. Verfügbare Energie – 4. Wichtigkeit.
Nach diesen Tipps sollte das Erstellen der Liste ein Leichtes sein und das Abarbeiten wie von Zauberhand gelingen.

- **Salami-Taktik**

Die Salami-Taktik ist ein nützlicher Helfer im Zeitmanagement-Konzept. Hierbei geht es um das Wissen und die Erkenntnis, dass jede noch so schwierige Aufgabe, in kleine Teile zerlegt und mit einem Termin versehen, nicht mehr schlimm ist. Durch die Zerlegung in einzelne Teile wird dem Problem die Komplexität genommen und ein leichter Überblick verschafft. Auch die motivierende Kraft, die bei der Erledigung von kleineren Teilen entsteht, kann sinnvoll für schwierigere Aufgaben sein. Das Loslegen hat bereits beim Zerteilen begonnen und somit kann direkt weitergemacht werden.

- **Timeboxing**

Mit festen Zeitfenstern durch die Aufgabenstellung zum Ziel - Timebox! In dieser Art werden feste Zeitfenster für bestimmte Lernstoffe gebildet. Eine genaue Festlegung, was am Ende der Timebox an neuem Wissen gewonnen sein sollte, muss vorhanden sein. Ob ein Zeitfenster Minuten, Stunden oder Tage betrifft, liegt bei jedem selbst. Schätze genau ab, wie lange ein Zeitfenster für eine bestimmte Aufgabe dauern sollte. Dieses Zeitfenster sollte auf jede Übungsaufgabe zugeschnitten sein. Wenn dies feststeht, wird aus den Zeitfenstern das Gerüst und dem Aufstieg nach oben steht nichts mehr im Wege. Ein Beispiel für diese Methode wäre die Prüfungsvorbereitung auf den Mathe-Test: „Ich lerne 3 Tage lang, um mir dann den gesamten Stoff, der abgefragt wird, angeeignet zu haben".

- **Non-Zero-Days**

Die eigenen Ziele immer fest im Blick? Der Non-Zero-Day ist der Tag des Nichts! Also, fast „nichts"... Wie der Name verrät, geht es darum, an *keinem* Tag „nichts" zu tun. Du gönnst dir zwar Ruhetage, an welchen du völlig entspannst und deinen strengen Lern- und Zeitplan vergisst, doch du verwandelst diese Ruhetage in Non-Zero-Days. Das bedeutet: du bist auch an solchen Tagen aktiv, aber eben viel weniger als sonst. Arbeite an diesem Tag gemütlich und ganz nebenbei auf dein Ziel hin, ohne dabei in Stress zu verfallen. Du tust also etwas beiläufig, um dein Ziel zu erreichen. Non-Zero-Tage sind wichtig, mit ihnen gehören die Lustlosphasen zum alten Leben und neue Wege öffnen sich. Genieße die Ruhe der Non-Zero-Days und nutze solche Tage gleichzeitig, um nicht komplett stehenzubleiben. Diese Methode ist perfekt, um alte Gewohnheiten durch positive zu ersetzen. Sie stärkt deine Selbstdisziplin und beschleunigt dein Vorankommen.

Fokus & Konzentration

Durch Ablenkung fällt die Konzentration und Aufgaben werden gern verschoben. Konzentration und Wahrnehmung befinden sich auf unterschiedlichen Ebenen. Die Wahrnehmung ist auf der Aufmerksamkeitsebene, die Konzentration kann sich nur auf der Tätigkeitsebene befinden.

Die Aufmerksamkeit wird schnell vom eigentlichen Ziel abgezogen und schweift durch den Raum. Die Wahrnehmung kann dadurch nicht wirklich die Aufgabe erfassen und weiterleiten. Ohne diese Aufgabe kommt die Konzentration abhanden.

Die Konzentrationsfähigkeit einer Person zeichnet sich dadurch aus, wie gut und schnell diese ihr gestellte Aufgaben erledigen kann. Die Aufmerksamkeit beeinflusst die Konzentration, versuche dich deshalb immer nur auf eine Sache zu konzentrieren. Die Aufmerksamkeit wählt gern selbst aus, was ihr interessant erscheint und schweift ab. Bietet man ihr dagegen etwas Interessantes, bei dem man sich wohlfühlt und den Willen verspürt, lernen zu wollen, kann man die Aufmerksamkeit gut selbst steuern und somit auch die Konzentration.

Tests haben ergeben, dass man seine Aufmerksamkeit auf bestimmte Weise trainieren kann. Das ist zum Beispiel möglich durch Multi-Screening. Das ist vor allem bei der Social Media Nutzung der Fall. Dadurch, dass wir, wenn wir in den Sozialen Medien aktiv sind, von Reizen überflutet werden, verändern wir unsere Aufmerksamkeit. Die Art, wie wir und was wir fokussieren, ändert sich. Wir nehmen viel mehr gleichzeitig wahr und entscheiden uns blitzschnell für eine bestimmte Information oder gegen sie.

Wie lange kann sich ein Mensch eigentlich konzentrieren?

Vier bis sechs Stunden, dieses Zeitfenster ist das Fenster, in dem man sich am besten konzentriert. Alles, was darüber hinausgeht, verschlechtert die Qualität der Arbeit und schwächt die kognitiven Fähigkeiten. Auch durch mehrere Pausen konnte dies nicht gelindert werden.

Irgendwann ist das Gehirn ermüdet. Die Aufnahme weiterer Informationen führt schier zu Überforderung und wird abgeblockt. Dadurch werden Informationen nicht richtig verarbeitet und aussortiert bzw. nicht abgespeichert, Erinnerungen gehen verloren.

Wenn nun auf den Zustand des Gehirns und der Leistungsspanne geachtet wird, steht einem qualitativen Ergebnis der Aufgabenerfüllung nichts im Wege. Eine Überarbeitung jedoch kann zu schweren Schäden führen.

Die Leistungskraft des Gehirns nimmt ab, Informationen verschwinden und eine Abspeicherung findet nicht mehr statt. Das Gehirn filtert nicht mehr, es sortiert aus!

<u>Hier erfährst du nun konkret, was du tun kannst, um konzentrierter und fokussierter zu lernen:</u>

- **Ordnung bei der Arbeit**

Ein aufgeräumter Arbeitsplatz bietet weniger Ablenkung, somit fällt das Erledigen der Aufgaben leichter. Beliebt sind vor allem Ablagesysteme, um die Unordnung in Schach zu halten. Man sollte vor jedem Arbeitsbeginn mit einem kurzen Blick prüfen, ob auch alles an seinem Platz ist, damit jede Ablenkung schon im Keim erstickt wird.

- **Umgebung**

Auch das Drumherum spielt eine große Rolle, wenn es um die Konzentration und den Lernerfolg geht. Der Ort sollte gut gelüftet oder in der freien Natur sein. Frischer Sauerstoff hilft, das Gehirn auf Hochtouren laufen zu lassen. Alle Materialien sollten bereitliegen, damit nicht dauerhaft unterbrochen werden muss. Das Licht sollte angenehm für die Augen sein, da diese sonst leicht übermüden.

- **Keine Ablenkung**

Fernseher, Musik, Radio, alles, was ablenkt, muss verschwinden. Wenn das Lernen gut verläuft, hat man danach eine Menge Freizeit. Doch meist zieht sich der Lernweg durch unnötige Ablenkungen in die Länge. Auch das Handy sollte auf lautlos geschaltet werden. Zu schnell entschuldigen wir uns bei uns selbst und hängen am Smartphone.

- **Kein Multitasking**

Multitasking ist eine Gabe, aber auch ein Fluch, vor allem, wenn es um Lern- und Arbeitsprozesse geht. Versuche dich immer nur auf eines zu konzentrieren und nicht ablenken zu lassen.

- **Keine Störgeräusche**

Geräusche dringen ins Ohr und in den Kopf. Das stimmt wirklich und damit lenken diese besonders geschickt ab. Eine gute Abhilfe sind ANC - Active Noise Cancelling – Kopfhörer. Diese unterdrücken Geräusche. Das Ganze geschieht durch die Wiedergabe über die dazugehörige App SimplyNoise. In dieser wird ein weißes Rauschen wiedergegeben. Dieses Rauschen soll entspannen und Störgeräusche ausblenden. Am Anfang bedarf es bestimmt einer gewissen Eingewöhnung, um mit dem Rauschen zu arbeiten, jedoch scheint die Erfolgsaussicht vielversprechend. Probiere es einfach aus und entscheide selbst, ob es etwas für dich ist. Komplette Stille ist natürlich mindestens genauso gut, vorausgesetzt, du hast die Möglichkeit, bei dir zuhause in absoluter Stille zu lernen und arbeiten.

- **6-Stunden-Fenster**

Für intensives Training hast du einen Zeitrahmen von 6 Stunden. Danach ist der Lernertrag deutlich geringer. Nach 6 Stunden ist der Geist müde und möchte das Gelernte verarbeiten und abspeichern und sich vor allem erholen. Auch bei den 6 Stunden sollten Zwischenpausen eingehalten werden, sonst kann sich das Zeitfenster verringern.

- **Siesta**

Jede Stunde sollte von 10 Minuten Pause begleitet werden. Auch die 20/5-Methode kann gut funktionieren. In dieser wird 20 Minuten sehr fokussiert gelernt und 5 Minuten Pause gemacht. Die Pause sollte Abwechslung bieten, aber nicht geistig fordern. Leichte Atemübungen oder vielleicht etwas Musik können ebenfalls zur Entspannung beitragen.

- **Biorhythmus**

Jeder Mensch ist anders. Während der eine am frühen Morgen aufsteht und direkt voller Tatendrang lernt, ist der andere abends hellwach und zu allem bereit und lernt. Es geht hierbei um den natürlichen Biorhythmus. Dieser bestimmt, je nach Veranlagung, die Produktivität und Konzentration sowie die Zeiten, in denen dies am besten gelingt. Auch wer sich nach dem Lernen schlafen legt, hat einen klaren Vorteil. Der Geist verarbeitet noch und wird nicht abgelenkt, wodurch das Erlernte besser abgespeichert wird.

- **Schönheitsschlaf**

Schönheitsschlaf war gestern. Heute ist es der Schlaf der Gerechten oder der Schlaf des Gelehrten. Schlaf ist sehr wichtig, vor allem für die Verarbeitung und Speicherung. Dafür sollte eine Schlafdauer von 7 Stunden nicht unterschritten werden. Kinder sollen sogar eine Stunde länger schlafen und 8 Stunden nicht unterschreiten.

- **Aufschieben verboten**

Das Nachdenken über eine Aufgabe kostet oft mehr Zeit und Nerven, als die Aufgabe selbst. Setze dich einfach ran und starte, ohne lange darüber nachzudenken!

- **Der Flow**

Der Flow ist ein Zustand puren Glückes. Man befindet sich in einer Aufgabe und diese geht wie von selbst von der Hand. Alles scheint zu gelingen, das Glück ist gegenwärtig. Doch wie kommt man genau in diesen Flow bzw. Tätigkeitsrausch? Die Flow-Theorie (Csikszentmihalyi, 1975) beschäftigt sich damit, Mitarbeiter oder Schüler genau in diesen Zustand zu versetzen. Um diesen Flow zu erreichen, wählt man sich Aufgaben aus, die den eigenen Fähigkeiten am besten entsprechen. Es sollte eine Affinität (also Neigung) zur jeweiligen Arbeit vorhanden sein. Ist die Aufgabe zu einfach, unterfordert diese. Ist die Aufgabe zu schwierig, überfordert diese.

Somit fallen die Routinetätigkeiten aus dem Raster, wenn man den gewünschten Zustand erreichen will. Entscheidend ist hingegen das richtige Maß an Herausforderung und Spaß am Thema. Ist dies vorhanden, kann sich das Flow-Gefühl bald einstellen.

Speed Reading

Speed Reading ist die Technik des schnellen Lesens. Sie wird auch gehirngerechtes Lesen genannt. Warum? Speed Reading besteht aus einem Zusammenspiel von Lesetechniken, mit denen man schneller durch einen Text gelangt und ihn dennoch gut versteht. Der Ursprung dieser Methode stammt aus den USA.

Die meisten Menschen lesen normalerweise zwischen 200 und 300 Wörter pro Minute. Ablenkung und fehlende Konzentration können dazu führen, dass sich nur ein Viertel deines Gehirns mit dem gelesenen Stoff beschäftigt. Beim Speed Reading ist das anders – schnelle Leser schaffen die Aufnahme von 600 bis 1000 Wörtern pro Minute. Sie werden dabei nicht müde und schweifen nicht mit den Gedanken ab.

Wie lesen wir eigentlich?

Beim Lesen geht es darum, visuelle Informationen aus einem graphischen Gebilde zu ziehen und in eine bestimmte Bedeutung umzuwandeln. Eine große Rolle für das Verstehen eines Textes spielen seine Form und Struktur. Kurze Wörter, knappe Satzstellungen und eine klare Satztrennung verbessern die Lesbarkeit. Auch das Vorwissen, das man mitbringt und regelmäßiges Üben können darauf Einfluss nehmen, wie gut man einen Text versteht. Um beim Speed Reading erfolgreich zu sein, sollte das Lesen immer wieder trainiert werden - vor allem die Wahrnehmung und Verarbeitung der Worte.

Zwei Arten des Schnelllesens

Eine gute Übung ist das „kleine Schnelllesen“. Damit ist das normale, schnellere Lesen gemeint. Der innere Mitsprecher liest in Gedanken mit. Das Auge wandert dazu beim Anschauen oder Fixieren ruckartig von links nach rechts. Dabei findet es Wörter und gibt deren Bedeutung weiter. Meistens erkennt das Auge etwa 8 Buchstaben, der Rest wird aus der Erfahrung dazu gedacht.

Die zweite Form des Schnelllesens ist das „große Schnelllesen“. Man schaut dabei nicht mehr auf die einzelnen Wörter, sondern liest eher flächig und bewegt die Augen wie beim Slalom. Mit dieser Technik erreichen geübte Leser eine Lesegeschwindigkeit von 1000 Wörtern/pro Minute.

Bei beiden Lesearten verändert sich die Geschwindigkeit der Augenbewegung. Das Auge wechselt zwischen dem Innehalten auf einem Wortpunkt („Fixieren“) und dem Weiterspringen mit dem Blick („Sakkaden“). Es dauert zum Beispiel ca. 60 Millisekunden, von einem Wortblock zum nächsten zu springen.

Der Leseerfolg

Nun ist das Tempo allein nicht entscheidend für die Zeitersparnis beim Lesen. Ebenso wichtig ist das Textverständnis. Nur wer den Text richtig versteht, kann auch weiterlesen. Wenn du die Geschwindigkeit erhöhst, obwohl dir der Inhalt nicht mehr klar ist, bleibt der gesamte Erfolg auf der Strecke. Achte daher beim Üben des Schnelllesens darauf, dass du das richtige Maß zwischen Tempo und Textverständnis für dich findest und du wirst sicher davon profitieren.

Um mit dem Training zu starten und deinen Leseerfolg zu erreichen, ist es zudem wichtig, die Buchstaben gut erkennen zu können. Deine Augen müssen scharf sehen und sollten bei Bedarf mit einer Brille oder Kontaktlinsen unterstützt werden. Der Leseerfolg hängt also auch zum großen Teil von einem guten Sehvermögen ab.

ZIELE SETZEN & ERREICHEN

- **Ziele setzen**

Versuche, das Ziel so direkt wie möglich zu definieren. Allein dadurch werden schon wichtige Prozesse in Gang gesetzt. Erfolg bedeutet Energie und Motivation. Dies bedeutet auch viel Kraft, die aufgebracht werden muss. Eine erleichterte Zielerreichung ist durchaus möglich, wenn von vornherein richtig geplant wurde und das Vorgehen durchdacht ist.

Vor allem die Smart-Methode ist zum Definieren und Erreichen der Ziele eine wertvolle Hilfe. SMART steht für:

S=Spezifisch. Die Ziele so spezifisch wie möglich differenzieren
M=messbar. Die Qualitäts- und Quantitätsunterschiede erkennen und festlegen
A=attraktiv. Die Ziele so gestalten, dass diese mit viel Lust zu erreichen sind
R=realistisch. Die Zeitsetzung realistisch gestalten, sodass kein unnötiger Druck entsteht
T=terminiert. Den Zeitplan nicht aus den Augen lassen

Durch diese 5 Bedingungen der SMART-Methode fällt es einem leichter, den Überblick und die Erledigung sowie den Fortschritt im Auge zu behalten.

„Für die Mathe-Klausur am Ende des Monats werde ich ab heute jeden Tag 2 Stunden lernen, damit ich diese mit der Note 2 abschließe." Dieser Satz dient als Beispiel. So sollten die Zielsetzungen aussehen.

Durch eine konsequente Erarbeitung der SMART-Methode kann man klare, messbare sowie überprüfbare Ziele erhalten.

Wenn alle Ziele und Aufgaben für ein Projekt schriftlich festgehalten werden, dann sollte dies für alle Beteiligten zählen, denn daraus lässt sich leicht ein Projektplan erstellen.

Durch diesen Plan sind die Meilensteine und ihre Umsetzung des Projektes leicht erkennbar und somit steuerbar.

Kleine Fragen als Hilfestellung, um immer den Überblick zu behalten, sind: Was ist geschafft? Hat dieser Fortschritt etwas am Ziel oder an der Zeit geändert?

Als Meilensteile gelten einzelne Teilbereiche deines Projektes, die einzelnen Schritte sowie Abfolgen. Jedes Projekt sollte in diese Meilensteine zerlegt werden. Jeder Meilenstein muss ein Zeitlimit gesetzt bekommen, sprich ein offizielles Datum. Um dieses Zeitlimit zu setzen, ist es wichtig, sich auch hierbei wieder etwas Puffer einzubauen. Verzögerungen gibt es immer wieder mal, das ist auch nicht schlimm, solange diese vom Puffer abgefangen werden und der Zeitrahmen nicht beeinträchtigt wird. Durch das Setzen der Meilensteine sind immer nur kleine Stücke zu erarbeiten und die Erledigung und die Überprüfung fällt eindeutig leichter.

Um einen sicheren Projektablauf garantieren zu können, müssen sowohl die Aufgaben- und Projektplanung als auch die Logik hinter der Überlegung und Planung immer genauestens überprüft werden. Das Konzept des Projektes bringt Übersicht und Kontrolle zugleich. Der Konzeptplan begleitet das ganze Vorhaben bis zur Fertigstellung und kann immer wieder zur Kontrolle herangezogen werden. Die Konzentration sollte sich immer auf einen Meilenstein fokussieren, um nicht abgelenkt zu werden.

- **Ziele erreichen durch Planen – gleich geht's an die Umsetzung!**

Was steigert meine Motivation?

____

Was wurde abgemacht?

____

Ziel 1: ____

Zeitlimit zum Erarbeiten der Ziele:

____

<u>Beschreibung:</u>
Was muss erledigt werden?

____

<u>Teilziele:</u>
Welche Zwischenziele sind vorhanden?

____

<u>Voraussetzungen:</u>
Welchen Einfluss gibt es zur Zielerreichung?

____

Welche Hilfestellungen sind vorhanden?

____

Wer arbeitet an welchen Stellen des Plans mit?

___

Überprüfung:

Überprüfung des Zeitrahmens und Zeitmanagements, wer und wann?

___

- **Das große Ziel immer im Blick**

Jeder kennt es: die Herausforderung in Prüfungen, Klausuren oder sogar mündlichen Prüfungen zu bestehen und dafür zu lernen. Wichtig ist, nie den Sinn aus den Augen zu verlieren, warum man das alles macht. Wohin führt die Reise und was bringen mir die Ziele? Was wird dadurch möglich? Diese einzelnen Prüfungen sind nur kleine Hürden auf dem Weg zum großen Ziel. Daher ist es immer wichtig, das große Ziel vor Augen zu haben und sich seines Weges sicher zu sein. Auch die kleinen Schritte können Erfolge auf dem Weg zum Ganzen sein. Strenge dich an, aber überfordere dich nicht selbst. Genieße den Weg zum Ziel, mit all seinen Hürden und Zwickmühlen. Spiele ruhig öfters mit dem Gedanken, wie es ist, am Ziel anzukommen und alles erreicht zu haben. Motiviere dich dabei, aber setze dich nie unter Druck.

Dein Energietank für die Schule

Traumreisen

Die Fantasiereisen tragen zur Entspannung bei. Durch ihre Gestaltung lassen diese viel Spielraum für die eigene Fantasie. Jeder Traumreisende wird ein anderes Bild sehen, ganz eigen gestaltet durch seine Vorstellungen. Diese Art der Entspannung ist für Jung und Alt geeignet und erfordert keine körperliche Fitness. Es geht darum, Sorgen zu vergessen und Konflikte spielerisch und einfach zu lösen.

Positive Affirmationen

Es gibt die Möglichkeit, sich positive Sätze selbst laut aufzusagen. Diese nennt man Positive Affirmationen. Sie dienen dazu, das Selbstbild zu verbessern und das Unterbewusstsein in die richtige Richtung zu lenken. Es ist wichtig, dass du selbst daran glaubst, damit auch das Unterbewusstsein dies als wahr annimmt.

Der Trick dabei ist die Formulierung der Sätze. Ein Satz wie: „Ich bin nicht schwach!“, wirkt nicht so positiv wie der Satz: „Ich werde immer stärker!“ Deshalb ist es sinnvoll, die Sätze gut zu wählen.

Hier sind weitere Beispiele für hilfreiche Mantras:

Ich werde jeden Tag besser.
Ich bin stark!
Ich bin eine liebenswerte Person!
Ich bin ruhig.
Ich bleibe entspannt!

Flüster-Geschichten

Geschichten kennen wir bereits als Kinder. Es ist immer wundervoll, eine Geschichte zu hören. Sinnvoll ist es, wenn die Geschichte ganz leise geflüstert wird, um auch die Ohren damit zu entspannen.

Mandalas

Ob im Kindergarten, in der Schule oder als Erwachsener, Mandalas haben eine beruhigende Wirkung auf den, der sie ausmalt. Lange nicht mehr gemacht? Dann ran an die Stifte, du wirst über die Wirkung erstaunt sein.

Lachtraining

Dass Lachen die beste Medizin ist, ist lange bekannt. Es ist gesund und entspannt. Ein Lachtraining kann den ganzen Tag stattfinden. Es empfiehlt sich jedoch, bereits beim Aufstehen damit zu beginnen und vor dem Schlafengehen alles zu wiederholen. Eine schöne Art davon ist auch das Lach-Yoga. Es gibt Lach-Yoga-Gruppen, in welchen sich verschiedene Menschen treffen, um einfach nur zusammen zu lachen. Hört sich komisch an? Ist aber eine wahre Hilfe. Für den Anfang ist es genug, ein paar Minuten zu lachen, später kann diese Spanne erweitert werden. Mit etwas Übung bleibt es irgendwann kein aufgesetztes Lachen mehr, sondern wird zu einem echten und tut auch genauso gut. Für den Anfang ist es einfach, sich vor den Spiegel zu stellen und Grimassen zu ziehen. Das bringt einen schnell zum Lachen.

Dankbarkeitstagebuch

Dankbarkeit ist nicht nur für den Menschen, der sie erhält, wundervoll, sondern auch für sich selbst als Geber. Vielleicht wäre ein Dankbarkeitsbuch, ähnlich einem Tagebuch, eine gute Idee? Dort kommt abends alles rein, wofür man den Tag über dankbar ist oder war. Nach einiger Zeit wirst du feststellen, dass Dankbarkeit erlernbar ist und selbst guttut. Dankbare Menschen sind entspannter und ruhiger.

Gesichtsmassage

Massagen sind eine Wohltat für den Körper und die Seele. Hierfür muss nicht der ganze Körper massiert werden, manchmal reicht auch das Gesicht. Nimm etwas Öl oder Creme und reibe diese zwischen den Händen warm. Danach beginnst du mit dem Zeige- und Mittelfinger über die Augen zu wandern, in leichten und kreisenden Bewegungen. Wandere zur Nasenwurzel und wieder zurück. Massiere die Nase und bewege die Finger langsam wieder Richtung Augen. In der Mitte der Augenbrauen, direkt über der Nasenwurzel, liegt ein wertvoller Punkt. Dieser darf mit etwas mehr Druck massiert werden, auch leichte Klopfmassagen sind hier erlaubt. Danach geht die Massage über die Wangenknochen weiter. Diese erhalten ebenfalls eine kreisende, sanfte Massage. Lass von dort deine Finger auf die Nebenhöhlen unter den Augen wandern und massiere diese sanft. Immer darauf achten, dass das Öl nicht in die Augen oder Nase eindringt.

Summen

Lege für ein leichtes Summen deine Lippen aufeinander. Atme durch die Nase tief ein und durch den Mund, bei geschlossenen Lippen, hinaus. Das Kribbeln oder Sprudeln auf deinen Lippen ist genau das erwünschte Ziel. Ebenso kannst du auch einfach ein Lied deiner Wahl mit geschlossenen Lippen summen.

Augen-Yoga

Suche dir einen ruhigen Ort, setze dich in den Schneidersitz und halte den Rücken grade. Stelle dir vor, die Wirbelsäule Wirbel um Wirbel nach oben aufzuziehen.
Nimm deine Hände auf die Oberschenkel und lege die Handflächen nach oben zeigend ab. Atme sanft ein und aus.
Schaue fünfmal hoch und runter.

Der Kopf bleibt dabei still. Es geht nur darum, sich mit den Augen umzusehen.

Danach wird der Blick fünfmal von links nach rechts geschickt, auch hier bewegen sich nur die Augen.

Schaue dich nach einem Gegenstand in der Ferne um und nach einem direkt in der Nähe. Lasse den Blick fünfmal zwischen beiden Objekten hin und her schweifen.

Atme tief ein und aus.

Reibe deine Hände aneinander, bis diese sehr warm sind und lege sie sanft auf deine Augen. Schließe die Augen und genieße die Wärme.

Lasse die Augen weiterhin geschlossen, bis das Gefühl der Wärme nachlässt.

Gesunder und erholsamer Schlaf

Schlaf ist wichtig für die Erholung und vor allem die Verarbeitung des Erlebten. Ein erholsamer Schlaf ist wichtig für die Gesundheit und die Konzentration.

Gesunde Ernährung

Eine gesunde und ausgewogene Ernährung darf natürlich nicht fehlen, denn damit das Gehirn ideal funktioniert, braucht es genügend Vitamine und Nährstoffe. Eine gute Möglichkeit sind Nahrungsergänzungsmittel, die man einnehmen kann. Sie ersetzen aber keine gesunde Ernährung.

DIE BESTEN ALLGEMEINEN LERNTECHNIKEN

Dieses Kapitel beinhaltet die besten Lerntechniken und die einfachsten Methoden, um diese umzusetzen. In der Schule wird oft durch Zeitdruck und Leistungsdruck nicht genügend darauf hingewiesen, wie wichtig Verbindungen und Verknüpfungen für einen Lernerfolg sind. Auch das Aneignen neuen Wissens geht mit den richtigen Verknüpfungen viel leichter. Um die richtige Variante des Lernens zu finden, gilt es zunächst herauszufinden, welcher Lerntyp man ist.

WIEDERHOLUNGEN EINBAUEN

Wiederholen ist für jeden Menschen wichtig. Durch Wiederholungen wird das Wissen gefestigt und leichter erlernt. Manches, was erlernt wurde, wird schnell wieder vergessen. Dieses Vergessen ist normal und liegt daran, dass auch das menschliche Gehirn sich nicht alles zu 100 Prozent merken kann. Werden diese gern vergessenen Sachen jedoch des Öfteren wiederholt, so bleiben sie auch erhalten.

ABC - VERKNÜPFUNG

Bei der ABC - Verknüpfung werden Assoziationen und Verknüpfungen als eine Art Denkspiel genutzt. Bei diesen Übungen geht es um die assoziative Denkweise. Diese wird trainiert und spielerisch gefordert.

Diese Art des Denkens ist extrem wichtig und bringt viele Vorteile mit sich. Kinder- und Jugendspiele wie Stadt-Land-Fluss zielen genau auf diese Art ab. Es geht in dem Spiel darum, Worte mit einem bestimmten Anfangsbuchstaben zu finden. Diese Worte, die gesucht werden, besitzen verschiedene Kategorien. Nimm einen Zettel und einen Stift und schreibe auf die linke Seite das Alphabet. Daneben suchst du dir Begriffsgruppen aus. Diese können aus Ländern, Gerichten, Farben, Baumarten, Flüssen oder sonstigen Dingen bestehen. Wichtig ist beim Ausfüllen, dass das Handy wegbleibt! Es geht darum, den Geist und das Gehirn anzuregen. Suche dir zuvor auch gleich die Anzahl der jeweiligen Begriffe aus, bei der du sicher bist, diese auch erfüllen zu können. Zum Beispiel drei Worte je Kategorie mit einem bestimmten Anfangsbuchstaben. Die Abfolge der gesuchten Buchstaben muss nicht nach der Reihenfolge ablaufen. Nimm ruhig zuerst den Buchstaben, der dir am ehesten liegt. Durch das Denken, Lesen und Schreiben prägt sich das Gehirn die Dinge eher ein.

Kurzfassung ABC-Spielweise:

- Das Spiel richtet sich senkrecht aus.
- Das ABC wird komplett eingebunden und beachtet. Dazu trägt man alle Worte ein, die einem einfallen. Diese Assoziationen trainieren den Geist und das Auge sowie das Gedächtnis.
- Mit etwas Übung fallen einem zu jedem Subjekt mehrere Worte und Bedeutungen ein.

Loci-Memo-Methode

Diese Methode stammt aus dem Memotechnikbereich und greift ebenfalls auf Assoziationen zurück. Sie bezieht sich darauf, mit Eselsbrücken zu arbeiten. Texte, Zahlen und Formen werden mit praktischen Dingen verbunden. Bilder, Erinnerungen und Verbindungen werden so leichter verknüpft und können später besser abgerufen werden. Selbst im alten Griechenland wurde diese Methode vor über 2.500 Jahren angewandt. Loci leitet sich vom lateinischen Begriff „Locus“ ab, was übersetzt Ort, Stelle oder auch Platz bedeutet. Um diese Methode zu erlernen, bedarf es keines Vorwissens.

Vier Schritte der Methode:

1. Suche einen bekannten Ort und versuche, bestimmte Punkte dieses Ortes mit Dingen in deiner Wohnung zu verbinden.
2. Gehe zum Beispiel in die Küche und verbinde eine bestimmte Reihenfolge an Gegenständen mit der Reihenfolge der Dinge des Ortes.
3. Genauso gehst du beim Lernen vor. Verbinde zum Beispiel eine bestimmte Formel mit dem Waschbecken, die nächste mit dem Spiegelschrank.
4. Mache immer wieder diesen geistigen Übungsgang und nimm dir die Objekte als Hilfestellung.

Wenn du einmal den „Dreh raus" hast, wirst du merken, wie wundervoll einfach und unkompliziert das Ganze ist. Unendliche Formen und komplizierte Aufgaben können damit verbunden und immer abgerufen werden. Der perfekte Vorteil ist, dass du damit nicht ortsgebunden bist. Diese Methode kann auf alles in deiner Umgebung angewandt werden. Ob in der Küche, dem Wohnzimmer, dem Bad oder lieber an der Werkbank. Mit Hilfe der Verknüpfungen kannst du die damit gespeicherten Informationen immer abrufen. Diese Methode funktioniert auch super an einem Arbeitsplatz oder zu Lernzwecken allgemein. Wichtig ist nur, dass der Ort dir wirklich bekannt ist und immer wieder aufgesucht werden kann. Dann kann jede Verbindung damit verknüpft werden.

VERSTEHEN

Informationen können nur behalten werden, wenn sie verstanden werden. Eine andere Möglichkeit ist das Auswendiglernen, jedoch hat dies Nachteile, denn das Auswendiggelernte bleibt oft nicht richtig im Gedächtnis verankert und der Inhalt kann nicht wirklich wiedergegeben werden, da das Verständnis fehlt. Durch Verbindungen und vor allem das Verstehen des Inhaltes ist es ein Leichtes, Informationen zu speichern und auch wiederzugeben.

Für die meisten Prüfungen ist es relevant, dies zu können, da viele Aufgaben darauf abzielen, einzelne Methoden für andere Themenbereiche anzuwenden. Dies funktioniert nur, wenn das Fachwissen vorhanden ist.

TESTS

Auch ein Test kann ein hervorragender Übungsansatz sein. Vor allem die Bereiche, die dir noch schwerfallen, können gut erlernt werden. Du kreierst bei dieser Lernmethode also deine eigenen Tests (schriftlich) und fragst den Prüfungsstoff ab. Anschließend korrigierst du die Tests selbst und benotest dich. Wie viel hast du richtig beantwortet, wie viel konntest du dir bereits an Lernstoff merken? Schlage einfach in deinen Büchern und Heften nach und kontrolliere deine Antworten auf Richtigkeit und Vollständigkeit.

Unterstreichen

Lesen, Denken, Unterstreichen. Wenn du liest, unterstreiche dir die Punkte, die dir noch nicht schlüssig erscheinen. Durch das Lesen festigt sich der Lernstoff von allein ein Stück mehr. Durch das Unterstreichen lassen sich die Stellen für den Nachholbedarf leichter finden.

Notieren

Notizen erfordern ein Nachdenken. Durch das Nachdenken wird eine Funktion ausgelöst, die sehr behilflich ist beim Lernen. Du sortierst nämlich das Gelernte und filterst das Wesentliche heraus, das deiner Meinung nach eine Notiz wert ist. Es ist bewiesen: Wer einen Satz liest, schreibt und ausspricht, merkt sich diesen schneller.

Bilder im Kopf

Eine Verbildlichung bringt nicht nur Erleichterung beim Lernen, sondern dient auch dazu, Inhalte leichter zu verstehen. Bilder werden leichter abgespeichert als ein geschriebener Text. Bei dieser Methode geht es darum, das passende Bild für sein Gelerntes zu finden. Dies kann von kleinen Skizzen bis hin zu richtigen Fotos oder Bildern reichen.

Diese Methode eignet sich für Gruppenarbeiten, Plakate, Mind-Maps und zum alleinigen Lernen. Auch Zahlen können durch Diagramme hervorragend dargestellt werden.

Lernkarten

Karteikarten zu beschriften dürfte eine der ältesten Lerntechniken sein. Sehr beliebt bei Vokabeln, Formeln und Definitionen. Es wird eine Karteikarte genommen. Auf die eine Seite kommt der Begriff in der Muttersprache, auf der anderen Seite der Begriff für die zu erlernende Sprache. Das Gleiche funktioniert auch mit Formeln. Auf eine Seite die Formel, auf die andere Seite das Ergebnis. Allein beim Schreiben dieser Karten wird schon ein Lerneffekt eintreten, weil du es liest und schreibst. Nur durch das Lesen behalten sich die wenigsten Menschen Informationen oder wichtige Angaben. Erst durch das Verinnerlichen und Üben wird die Informationen richtig abgespeichert und ist somit auf Abruf vorhanden. Die Karteikarten können je nach Lernschema angepasst, sortiert oder beschriftet werden. Auch eine Verbindung mit der Loci-Methode ist denkbar.

Verzweigungen

Eine Mind-Map kann ein sehr hilfreiches Utensil darstellen, vor allem, wenn es um komplexe Lerninhalte geht. Dafür brauchst du ein Blatt, in dessen Mitte das eigentliche Thema notiert wird. Von dieser Mitte aus gehen dann Verzweigungen ähnlich wie Äste nach unten ab, die sogenannten Unterpunkte. Danach kommen weitere Punkte, die ebenfalls als Zweige eingezeichnet werden können. Es ordnet die Gedanken, verbildlicht und gibt Struktur. Es fördert das Denkvermögen und hilft dabei, sich leichter zu konzentrieren. Auch nachträgliche Gedankengänge können ohne Probleme erweiternd eingefügt werden. So kann man sich bei der Entstehung erstmal nur auf das Wesentliche konzentrieren und danach auf die Nebendinge oder Lösungen, Vorschläge und Ideen.

Struktur

Struktur ist sehr wichtig, vor allem bei verschiedenen Lernstoffen, die zur gleichen Zeit erlernt werden sollen. Du kannst dir Listen zu allen Themen und Lernstoffen erstellen. Es hilft, eine klare Struktur beizubehalten.

In den Listen können Stichpunkte für komplexe Themen und deren Aufschlüsselung helfen. Diese sind dadurch leichter zu merken und bleiben leichter im Gedächtnis. Listen fungieren wie To-Do-Listen.

Alles auf einen Blick, Fortschritte fest im Blick und leicht zu überprüfen. Vor allem vor wichtigen Terminen ist es sinnvoll, mit einer Checkliste zu arbeiten. Dadurch geht nichts aufgrund von Aufregung verloren.

Dein Palast des Gedächtnisses

Ähnlich wie bei der Loci-Methode ist der Gedächtnispalast sehr nützlich, um sich Informationen schnell merken zu können und diese auch schnell auf Abruf zu haben. Im Gedächtnispalast sieht es jedoch von Person zu Person unterschiedlich aus. Der Gedächtnispalast existiert ganz allein in den Gedanken der Anwender. Durch die Kunst der Assoziation werden die Informationen leicht abgespeichert. Informationen über Hunde kommen zum Hundenapf in der Küche, Informationen über Ernährung zum Kühlschrank, mathematische Formeln werden auf der Werkbank neben dem Zollstock abgelegt. Diese Verbildlichungen bestehen aus einem Fundament an Informationen, die abgespeichert und abrufbar sind. Gedanklich wird ein Spaziergang durch diesen Palast immer wieder ausreichen, um die Informationen aufzufrischen oder weiter zu festigen.

SQR3 als Technik

Durch diese Lesetechnik fällt es leichter, zu lesen, zu verstehen und vor allem sich etwas langfristig zu merken. Selbst wissenschaftliche Texte und Ausarbeitungen lassen sich mit dieser Methode leicht lesen und verstehen. Die Bezeichnung setzt sich aus den Phasen zusammen: Survey, Question, Read, Recite, Review, was übersetzt bedeutet: Überblick, Befragen, Lesen, Wiedergeben, Rekapitulieren.

1. Ein Überblick für die Stufe Survey: Dies ist die Kennenlernphase zwischen Text und Leser. Es geht darum, sich einen Überblick zu verschaffen. Ein Buch bietet hierfür die Möglichkeit, den Klappentext sowie das Inhaltsverzeichnis zu Rate zu ziehen, um einen groben Überblick über das Thema zu erhalten.

   Auch eine erste Einschätzung der Schreibart und der Sprache wird klar ersichtlich. Durch diese Anfreundung mit dem Buch sensibilisiert man bereits die rechte Gehirnhälfte für das Thema und die Textstruktur.

2. Befragung oder Question: In diesem Fall stellt man wirklich dem Text die Fragen. Sinn ist es natürlich nicht, eine Antwort vom Text zu erhalten, sondern eher sich selbst die Antworten zu geben, in dem der Text verarbeitet und verstanden wird. Auch Fragen wie: Warum wurde dieser Text so verfasst, wer hat diesen Text verfasst, wann und wo hat man diesen Text verfasst, wieso

wurde dieses Thema für den Text gewählt? Alle diese Fragen helfen, ein Verständnis für den Text zu entwickeln und somit auch für seinen Inhalt. Durch diese Fragen wird das Gehirn trainiert und nach etwas Übung erscheinen die Buchstellen mit den Antworten wie von Geisterhand vor dem inneren Auge.

3. Lesen oder Read: Nun sollte aktiv gelesen werden. Dabei geht es darum, wirklich jedes Wort zu verstehen. Dabei können vor allem Textmarker helfen. Diese können Schlüsselworte, Textpassagen und unklare Textpassagen unterstreichen und später besser verbildlichen. Auch die Antworten aus Phase 2 sollten damit markiert werden.

4. Wiedergabe oder Recite: Nun sollten alle Fragen markiert sein. Es ist somit an der Zeit, sich die Antworten darauf zu notieren. Hilfreich können dafür Mind-Maps oder Karteikarten sein. Sie geben Struktur und verschaffen damit einen Überblick. Es ist wie eine weitere Verbildlichung des Inhaltes. Wichtig ist, die Informationen nicht einfach abzuschreiben, sondern in eigenen Worten wiederzugeben beziehungsweise aufzuschreiben. Dadurch setzt sich das Wissen erneut zusammen, wird durchdacht und setzt sich besser fest.

5. Rekapitulieren oder auch Review: Alles neu Gelernte wird mit dem alten Wissen verknüpft und zusammengeführt. Ein Überfliegen des Textes und der Notizen auf Richtigkeit sollte immer nochmals erfolgen. Finde Verknüpfungen, Gleichheiten oder auch Unterschiede. Fasse alles Erlernte in eigenen Worten zusammen und unterstreiche auch hierbei wieder wichtige Textpassagen.

Wende diese Art des Lesens als Routine an und erhalte somit wichtige Informationen, die tiefer abgespeichert werden. So werden alle wichtigen Informationen schnell abgerufen und außerdem mit Struktur abgespeichert.

Meine Worte

Um etwas in den eigenen Worten wiederzugeben, ist es wichtig, dies auch wirklich verstanden zu haben. Also dient die Wiedergabe in den eigenen Worten nicht nur zu Festigung des Wissens, sondern auch als Test, ob wirklich alles sitzt.

Wörter ersetzen

Diese Methode hilft bei abstrakten Daten, Vokabeln bis hin zu Fremdwörtern, um diese leichter zu erfassen, zu verstehen und im Gedächtnis zu behalten. Basierend auf der Assoziationstechnik hilft es, sie zu memorieren. Sie ermöglicht das schnelle Lernen von neuen Wörtern. Dafür wird der Begriff des neuen Wortes direkt beim Kennenlernen mit etwas assoziiert, das einen ähnlichen Klang hat oder an etwas erinnert. Auch Bilder können eine gute Hilfe sein, durch das Verbildlichen kann man sich neue Wörter leichter merken. Ein Beispiel ist das englische Wort Mice. Dieses wird gern mit dem deutschen Wort Mais assoziiert. Durch die ähnliche Aussprache entsteht jedoch das Bild einer Maus im Maisfeld, da dies der eigentliche Begriff ist. Mice, Mais und Maisfeld mit Maus bzw. Mäuse. Dies ist so in etwa die Verknüpfung, die sich im Kopf abspielt und dann immer abrufbar ist.

DIE BESTEN LERNTECHNIKEN FÜR GRUPPEN

LERNPARTNER NUTZEN

Auch durch Diskussionen mit Lernpartnern kann man lernen. Durch gegenseitiges Erklären und Hinterfragen sowie die Diskussionen über Begriffe und ihre Bedeutungen kann viel gewonnen werden. Die Tatsache, dass man sich bei den Gesprächen mit dem Lernstoff auseinandersetzt, ist ein wichtiger Anhaltspunkt, der das Gelernte nochmals vertieft. So unterstützt ihr euch gegenseitig und vertieft eure Erfahrungen gemeinsam. Und gemeinsam macht es ja bekanntlich mehr Spaß.

LERNEN IN GRUPPEN

Lerngruppen gibt es für viele Bereiche. Diese bieten sich besonders bei Vorbereitungen für Prüfungen an. Durch eure gegenseitige Unterstützung kann der Lernerfolg eines jeden Einzelnen verbessert werden. Jeder bringt seine eigenen Kompetenzen und Erfahrungen mit ein und profitiert von denen der anderen Teilnehmer. Aus der sozialen Sicht bietet eine Lerngruppe gleichzeitig auch Motivation sowie Sicherheit. Eine Aufteilung der Arbeiten in der Gruppe kann eine Zeitersparnis mit sich führen. Die Schwächen in bestimmten Fächern können durch die Stärken der anderen ausgebessert und leichter verständlich wahrgenommen werden. Das schafft eine Arbeitserleichterung, mehr Motivation und Ehrgeiz. Die soziale Zusammengehörigkeit vermittelt auch ein Gefühl der Sicherheit, was sich besonders auf die Prüfungen auswirkt, da diese entspannter angegangen werden. Eine Lerngruppe hilft aber nicht nur zu erlernen, sondern bietet auch die Möglichkeit, verschiedene Lernmethoden kennenzulernen. Einzig auf die Ablenkung sollte geachtet werden, denn diese tritt schnell ein und muss unterbunden werden, um ein effizientes Vorankommen zu gewährleisten.

GEGENSEITIG TESTS ERSTELLEN

Um das Wissen zu überprüfen und Schwachpunkte aufzuzeigen, sind Tests eine gute Methode. Wer sich mit Freunden gegenseitig testet, hat den Vorteil, die Problemzone aus einer anderen Sicht erklärt zu bekommen und vielleicht so einfacher nachvollziehen zu können. Testet euch gegenseitig und helft euch beim Verstehen der Probleme.

Diskussionen

Diskussionen sind nicht nur eine gute Möglichkeit, etwas Erlerntes zu festigen, sondern auch, das Erlernte aus neuen Blickwinkeln zu betrachten.

Sich gegenseitig unterrichten

Um etwas zu unterrichten, muss man es verstanden haben. Um dies zu überprüfen, kann man sich gegenseitig unterrichten und sein Wissen gemeinsam prüfen.

DIE BESTEN MEDIALEN LERNTECHNIKEN

METHODEN & TECHNIK & APPS

Es gibt zahlreiche Apps, die beim Lernen behilflich sein können. Um die richtige App zu finden, ist es wichtig, auf die Spezifizierung zu achten. Durch Spielphasen in Apps werden intrinsische Motivationen im Menschen hervorgerufen. Die Spielphasen können Punkte oder Highscores beinhalten, die motivieren und der Orientierung dienen. Auch eine Bildersuche mit Fremdbegriffen ist möglich und erleichtert zum Beispiel das Lernen von Fremdsprachen. Daneben gibt es auch Apps, die das Gedächtnis trainieren. Diese setzen eine Art Karteikarten ein. Sie fragen Vokabeln und Allgemeinwissen ab. Der Spaßfaktor spielt bei diesen Apps eine große Rolle. Wer Spaß hat, bleibt aufmerksam bei der Sache. Durch diese Motivation fällt es leichter, das zu erlernen, was sonst im Buch vielleicht langweilig erscheint.

HÖREN

Lernen durch Zuhören, das geht. Wer etwas hört, statt es nur zu lesen, hat manchmal den Vorteil, dass es sich besser verankert. Podcasts finden sich auf dem deutschen Markt fast in allen Bereichen wieder. Grammatik, Psychologie oder Finanzwirtschaft, es ist egal, welchen Themas es bedarf, die Podcasts sind leicht zu finden. Ein größerer Vorteil ist, dass man sie überall anhören kann, zumeist mit Kopfhörern und dadurch weniger durch Umgebungsgeräusche abgelenkt wird. Ob auf dem Weg nach Hause oder in der Bahn, auf der Couch oder beim Einschlafen, einfach die Musik durch einen Podcast austauschen und sich das Gesagte verinnerlichen.

YouTube

YouTube ist bekannt und beliebt, vor allem für lustige Videos. Doch es gibt weitaus mehr. Suche doch einmal nach einem Thema, welches zu erlernen ist und nutze eines der Nachhilfevideos auf YouTube. Auch Schulfächer aller Art sind in allen Stufen der Schwierigkeit zu finden. Deshalb greifen immer mehr junge Menschen auf das beliebte Portal zurück. Es lassen sich Videos zu allen Schulfächern finden, oft wird der Lernstoff unterhaltsam und modern vermittelt. Diese selbstgewählte Online-Nachhilfe bietet den Vorteil, dass man in der eigenen Geschwindigkeit mitarbeiten kann. Sie können beliebig oft wiederholt oder an bestimmten Stellen pausiert werden, um sich Stichpunkte zu machen. Noch dazu sind diese Videos kostenlos und somit für jeden erhältlich und zugänglich. Doch bei YouTube Videos musst du dich vergewissern, dass sie korrekten Lerninhalt vermitteln.

Technik & Hilfe

Die technische Unterstützung beim Lernen ist, wie oben beschrieben, unendlich ausgereift. Es gibt neben diesen Möglichkeiten weitere Programme und Lernsoftwares für Computer. Diese können gekauft oder als Testversion genutzt werden. Wandle diese ganzen Vorschläge so ab, dass sie genau auf dich abgestimmt sind und dir den meisten Nutzen bringen.

Welche Lerntypen gibt es?

Durch persönliche Erfahrungen, das Alter des Lernenden sowie die Veranlagung bildet sich der persönliche Lerntyp heraus. Früher galt der Glaube, dass eine Lernmethode bei jedem Menschen den gleichen Erfolg bringt. Dank der Forschung wurde jedoch bewusst, dass jeder Mensch Informationen und Methoden ganz anders verarbeitet und speichert. Ob das Erlernen von Sprachen oder auch Fähigkeiten sowie das Erlernen neuer Konzepte, jeder Mensch muss für sich selbst einen Weg finden, wie er am besten lernt. Die verschiedenen Lerntechniken sollten alle ausprobiert, kombiniert oder angepasst werden. Wichtig für den Lernstil kann auch das Erkennen des Lerntyps sein. Jeder Mensch hat eine besondere Art, besser oder schlechter zu lernen. Diese Lerntypen werden in Gruppen eingeteilt.

Auditiv

Der auditive Lerntyp lernt durch das Hören und Sprechen am besten. Auditive Typen zeichnen sich dadurch aus, dass sie mündlichen Vorträgen gut folgen können sowie Informationen aus diesen leichter abspeichern. Generell besitzen sie eine gute Auffassungsgabe und hören anderen gern zu. Wenn sie lernen, bewegen sie oft ihre Lippen dabei mit oder lesen sich den Lernstoff laut vor. Außerdem sind sie imstande, sich Gedichte, Texte von Songs sowie Melodien gut einzuprägen.

Visuell

Lernen durch Bilder ist die Stärke von visuellen Lerntypen. Zu erkennen ist dieser Lerntyp zumeist durch viele Mitschriften und Skizzen sowie Aufzeichnungen. Ein guter Orientierungssinn begleitet von einem guten Sinn für Raumaufteilungen ist ihnen ein Helfer. Details entgehen diesem Lerntyp nie, auch die Einprägung dieser Details geschieht meist unbewusst. Durch das Skizzieren mit einer guten Farbbalance können diese Menschen sich gut mit ihrer Kreativität befassen und gleichzeitig lernen. Die meisten Menschen, die gern visuell lernen, träumen viel bildreicher, als ein Mensch, der auditiv oder motorisch veranlagt ist.

Motorisch

Beim motorischen Lernen gibt es keine Scheu vor dem Anfassen. Diese Menschen packen gern an. Ohne zu zögern oder langes Nachdenken werden die Aufgaben in Angriff genommen. Impulse werden in Aktionen umgewandelt, praktische Veranlagung und ein emotionales Handeln zeichnen diese Menschen aus. Gespräche gestalten sich bildlich durch das Einsetzen der Hände beim Erklären oder der Wiedergabe. Auch das Lernen an sich wird eher als aktiver Vorgang angesehen. Alles Tun wird mit Bewegung in Verbindung gebracht.

Kommunikativ

Lernen in Gruppen gehört zum kommunikativen Lerntyp dazu. Zuhören sowie die Ausdrucksweise sind gut ausgeprägt. Die Gestaltung von Unterhaltungen oder Meetings liegt zumeist in den Händen von kommunikativen Lerntypen. Auch in der Freizeit werden am liebsten Gruppenangebote wahrgenommen. Teamarbeit ist eine wahre Stärke, auch Gruppensport sowie der Austausch mit anderen Mitmenschen tut gut und ist ein wahres Bedürfnis.

Personenorientiert

Allein zu lernen ist nicht leicht, vor allem dem personenorientierten Typ fällt es schwer, dies zu tun. Personenorientierte brauchen zumeist jemanden, der sie anleitet. Sobald die Sympathie und die Kompetenz stimmen, ist die Person schnell gewählt. Die Beziehung zwischen Lehrer und Lernenden spielt eine große Rolle bei diesem Lerntyp hinsichtlich des Lernerfolgs. Die Sympathie ist ausschlaggebend über den Lernerfolg und deswegen sollte die Person, die einem etwas beibringen soll, gut gewählt sein.

Medienorientiert

Die Medien werden bei diesem Lerntyp gern genutzt, um sich etwas beizubringen. Dies tut er gern allein und für sich selbst. Durch die mediale Vermittlung des Lerninhaltes gelingt eine leichte Aufnahme. Die Begeisterung für technische Zusammenhänge spielen diesem Lerntyp dabei in die Hände. Lernprogramme, audiovisuelle Medien, Computer, Smartphones, Spielkonsolen und Tablets gehören zu häufig verwendeten Gegenständen des Lernens bei diesem Lerntyp.

Gemischte Lernvorlieben

Theoretisch sind dies die einzelnen Lerntypen und ihre Vorlieben. Doch gibt es fast nie zu 100 Prozent einen eindeutigen Lerntyp, viele mischen ihre Vorlieben und eignen sich auch von anderen Lerntypen Anteile an, die ihnen weiterhelfen. Wenn du nun beim Lesen festgestellt hast, dass auch dir mehrere „Lernstyles" entsprechen, zeigt sich in dir der typische Mischtyp. Versuche dich nicht krampfhaft in eine Schiene zu pressen. Es ist in Ordnung, gemischte Vorlieben oder Methoden zu wählen, solange sie zu dir passen. Die einzelnen Leitlinien können jedoch durchaus ihren Nutzen haben und sollten Beachtung finden.

Hier gibt es nun alle Typen und ihre Eigenarten in einer Tabelle für eine bessere Übersicht. Zusammengefasst sind diese mit den häufigsten Lernmethoden zur jeweiligen Gruppe.

Lerntypen & Benennung	Techniken & Methoden
Lerntyp auditiv	Lernpartner & Diskussionen & Lerngruppen Podcasts & Apps
Lerntyp visuelle	Apps & Mind-Maps & mediale Lerntechniken & Gedächtnispalast & Karteikarten & Verbildlichung & Loci-Methode & SQ3R-Technik & Lerngruppen
Lerntyp motorisch	Loci-Methode & mit eigenen Worten & technische Hilfestellung & Apps & mediale Lerntechniken & Diskussionen & SQ3R-Technik
Lerntyp kommunikativ	SQ3R-Technik & Podcasts & Diskussionen & Lernpartner & Lerngruppen

Mit der Auswahl an Methoden und Funktionen ist das Fundament für ein erfolgreiches Lernen geschaffen. Damit kannst du sprichwörtlich beginnen, dein Lernen selbst zu gestalten.

FRAGEBOGEN: FINDE DEINEN LERNTYP HERAUS!

Dank des folgenden Tests kannst du deinen Lerntyp ganz einfach herausfinden. Dazu brauchst du lediglich die verschiedenen Fragen zu beantworten und am Ende die Anzahl der Buchstaben deiner Antworten zu addieren. Du darfst jedes Mal nur eine Antwort ankreuzen. Viel Spaß!

1. **Welche Hilfsmittel nutzt du beim Lernen von Fremdsprachen am liebsten?**

☐ Filme, Videos und Serien in der gewünschten Sprache. B

☐ Unterhaltungen mit Muttersprachlern dieser Sprache sowie mit anderen Schülern. D

☐ Audio-CDs und Podcasts in der gewünschten Sprache. A

☐ Übungen und Erarbeitung des Kursbuchs. C

2. **Wie machst du dir Notizen zum nächsten Treffen mit Kollegen oder dem nächsten Unterricht?**

☐ Erstellung einer Mind-Map mit vorherigen Videos zum Thema. B

☐ Stichpunkte nach dem Lesen von Ratgebern zum Thema. D

- ☐ Fachbücher und Fachzeitschriften werden mit dem Textmarker an den richtigen Stellen markiert. C
- ☐ Audio-CD sowie Podcast und Hörbuch sind die erste Wahl. A

3. Du erstellst eine Exkursion für dich und deine Kollegen für einen Ausflug in den Freizeitpark, was tust du?

- ☐ Ich fahre hin und schaue mir die Parkanlage an. C
- ☐ Ich nehme einen Bilderprospekt des Parks und der Angebote. B
- ☐ Ich informiere mich telefonisch über die Angebote. A
- ☐ Ich befrage Freunde, die schon da waren und erstelle mit ihnen einen Plan. D

4. Wie erlernst du am schnellsten die Bedienung eines neuen Gerätes?

- ☐ Ich höre mir eine Audio-Einweisung an. A
- ☐ Ich schaue mir Videos über die Bedienung an. B
- ☐ Ich frage Freunde mit dem gleichen Gerät und lasse es mir erklären. D
- ☐ Ausprobieren und Erkunden. C

5. Ich bevorzuge Lehrer, die

- ☐ Einen Wohlklang in der Stimme haben. A
- ☐ Ihren Unterricht durch Ausflüge und Exkursionen zur Auffassung des Gelernten anbieten. C
- ☐ Diagramme und bildliche Darstellungen nutzen. B
- ☐ Debatten und Diskussionen einbauen. D

6. Neue Themen beim Gelernten erschließe ich am liebsten durch?

- ☐ Bücher und Lehrfilme. B
- ☐ Unterhaltungen mit Mitmenschen. D
- ☐ Podcasts, Audio-CDs oder Hörbücher. A
- ☐ Testen und Experimentieren. C

7. Auf der Urlaubssuche gehst du wie folgt vor:

- ☐ Beratung im Reisebüro. A
- ☐ Austausch mit Freunden. D
- ☐ Reiseführer und Vorträge. B

☐ Selbst suchen und finden. C

8. Beim Kauf eines neuen Smartphones legst du Wert auf Informationen, die dies enthalten:

☐ Technische Einzelheiten sowie eine gute Bedienungsanleitung. B
☐ Vorführungen der Bedienung. C
☐ Gespräche mit Fachexperten und Verkäufern. D
☐ Der Sound ist mir wichtig. A

9. Neuigkeiten kannst du dir wie folgt am einfachsten merken:

☐ Im Gespräch mit Bekannten. D
☐ Durch Informationen per E-Mail. B
☐ Mit Vorführungen in Konferenzen. C
☐ Durch die Ankündigung des Chefs. A

10. Der Sachverhalt in Lehrstunden wird am einfachsten aufgenommen:

☐ Bei ungestörtem und aufmerksamen Zuhören des Sprechers. A
☐ Mit Skizzen und Diagrammen. B
☐ In Praxisanleitungen, bei denen mitgearbeitet wird. C
☐ Durch Fragestellungen und Diskussionsrunden. D

11. Ruhe und Entspannung von anstrengenden Zeiten findest du am besten, wenn:

☐ Ein gutes Buch gelesen wird. B
☐ Ein Treffen mit Freunden und Bekannten stattfindet. D
☐ Die Lieblingsmusik gehört wird. A
☐ Durch Sport. C

TESTAUSWERTUNG:

A Antworten

Der auditive Lerntyp. CDs und Hörspiele sind deine erste Wahl, nur Lesen genügt nicht. Wenn es das Gewünschte nicht als Audio gibt, gewöhne dir an, immer laut zu lesen. Dies kann helfen. Auch sich selbst vorlesen lassen und aufnehmen, um es später zu hören, ist eine gute Alternative.

B Antworten

Visueller Typ! Gehörtes muss immer auch zum Lesen vorhanden sein, Mind-Maps sind deine Geheimwaffe und erste Wahl. Karteikarten können eine gute Hilfestellung geben. Dabei ist es wichtig, das Gelernte in eigenen Worten aufzuschreiben.

C Antworten

Der motorische Lerntyp. Alles aus eigener Hand und immer am Anpacken, wenn es etwas zu tun gibt. Das Vorstellungsvermögen wird durch praktische Beispiele genährt. Um Sachverhalte gut zu verstehen, sind Modelle sowie Experimentierkästen dein Brennstoff. Versuche dich nicht zum Stillsitzen zu zwingen, laufe ruhig beim Lernen herum.

D Antworten

Der kommunikative Lerntyp. Der einsame Wolf ist nicht in dir. Du brauchst ein ganzes Rudel, um über das Gelernte zu sprechen und die Dinge zu verstehen. Vor allem bei Diskussionen blühst du auf. Der Austausch mit Mitschülern, Lehrern und Freunden ist besonders wichtig für das Verständnis und das Abspeichern des Gelernten.

MATHE, DEUTSCH & FREMDSPRACHEN LERNEN

MATHE

Fehler finden und verstehen

Das Rechnen und Überprüfen gehören wie das A zum B. Wichtiger ist es jedoch, bei den Überprüfungen auf die Ursache der Fehler zu stoßen. Nur die Verbesserung der Fehler macht leider keinen Sinn und bringt keinen Erfolg. Nimm einen Zettel und mache dir Notizen zu den einzelnen Schritten und finde heraus, wo der Fehler liegt und entstanden ist. Diese Fehlersuche kann auch wundervoll zum Lernen für eine Prüfung dienen.

Formeln und Probleme aus der Welt

Suche dir so gut es geht Beispiele aus dem Alltag. Auch wenn Mathematik ein eher abstraktes Fach ist, gibt es viele Möglichkeiten, einen Bezug zur Praxis zu schaffen, sodass die Mathematik an Abstraktem verliert.

Zusammen lernen

Oft hängt es an einem Problem und dieses Problem hält auf. Gern wird dieses Problem verschoben, doch verschoben ist nicht aufgehoben. Nimm dir die Zeit und setze dich mit dem Problem auseinander. Suche dir einen Lernpartner und besprecht und bearbeitet es zusammen, wechselt den Blickwinkel und löst somit auch komplexe Probleme. Auch im Unterricht kann eine Fragerunde wahre Wunder wirken.

Mathematik im Verzeichnis

Die Mathematik beherbergt viele Sprachen. Nutze die Hilfe von Karteikarten und erstelle dir deine eigene Zusammenfassung. Dort können alle Konzepte sowie auch Erklärungen hinein. Diese sind dann übersichtlich auf einen Blick verfügbar.

Deutsch

Grammatik

Die Grammatik soll nicht „trocken“ gelernt werden, sondern vielmehr auf praktische Weise. Eine gute Methode dazu ist das Spaltenspiel von Birkenbihl. Die Satzstruktur wird in Spalten eingeteilt und in einer Gruppe gespielt. Dort trägt jeder Mitspieler seine Begrifflichkeit ein und gibt den Zettel verdeckt weiter, sodass der nächste dessen Zeile nicht lesen kann und eine eigene Eintragung macht.

Subjekt	**Prädikat**	**Adverb**	**Adverbiale Bestimmung**
Klein Erne	geht	über	die Straße
Der Opa	isst	hungrig	sein Essen

Diese Übung macht Spaß, es kommen lustige Sätze dabei heraus und es übt die Grammatik und das Verständnis dafür. Namenwörter, Prädikate, Adverbien sowie adverbiale Bestimmungen eines Ortes oder der Zeit sowie des Grundes werden in unterschiedlichen Farben aufgeschrieben. Die Satzstellung wird dadurch verdeutlicht und verbildlicht dargestellt. Auch für Fremdsprachen ist dieses Spiel ein wahrer Gewinn!

Fremdsprachen lernen

Diese Lernmethoden helfen beim Erlernen von Vokabeln:

Nimm dir mehrmals täglich fünf Minuten Zeit und frage dich selbst ab.

Zettel und Stift sollten überall griffbereit liegen. Klebe kleine Zettel mit Beispielen an den Kühlschrank, Badezimmerschrank, Esstisch, auf den Fernseher oder in den Kleiderschrank.

Sprich Vokabeln immer auch laut aus. Diese können auch als eigene Voice aufgenommen und unterwegs abgehört werden. Das Gehirn liebt Wiederholungen und wird diese dankend annehmen.

Die Sprachmethoden von Birkenbihl sind wohl sehr bekannt. Die Anwendung in Schulen ist trotz der Bekanntheit und Beliebtheit relativ gering. Sie ermöglicht in vier einfachen Schritten, eine Sprache intuitiver und leichter zu erlernen. Nur Grammatik und Vokabellehre reichen ihrer Meinung nach nicht aus. Ihre vier Schritte sehen wie folgt aus:

1. Zerlegen: Um für den Satzbau ein Gefühl zu bekommen, das auch abgespeichert wird und in Erinnerung bleibt, muss man verstehen, wie die neue Sprache aufgebaut wurde. Dafür wird der Text erschlossen. Der Satzbau sollte erhalten bleiben und die Übersetzung sollte diesen nicht beeinträchtigen.
2. Richtig Hören: Um dieses Verständnis zu vertiefen, folgt der zweite Schritt. In diesem wird aktiv gehört. Der Text sollte in der Fremdsprache von einem Native Speaker gesprochen werden und du folgst jedem Wort für die Wort-zu-Wort Übersetzung.
3. Leichtes Mithören: In der dritten Phase wird durch leichtes oder auch passives Zuhören das Klangbild der Sprache verinnerlicht. Das Gehirn verlässt sich auf die Urinstinkte und nimmt die Informationen während des ganz normalen Geschehens auf. Dabei ist es nicht wichtig, hundertprozentig zuzuhören.
4. Tat: Nun kommt es auf die eigenen Ziele an. Geht es dir mehr um das Lesen einer neuen Sprache oder darum, Unterhaltungen zu führen? Je nach Ziel muss die Übung weitergestaltet werden.

Auch um Fremdsprachen zu lernen, eignet sich die Methode des „Spaltenspiels“, siehe dazu Kapitel „Mathe, Deutsch & Fremdsprachen lernen“ – „Deutsch“.

Lernen mit AD(H)S - Tipps für Eltern und Kinder

„AD(H)S“ steht für Aufmerksamkeitsdefizit-/Hyperaktivitätsstörung. AD(H)S ist eine neurobiologische Erkrankung, bei der die Informationsübertragung teils verändert abläuft. Dass es sich bei AD(H)S um eine Störung des Hirnstoffwechsels handelt, wurde allerdings bisher nicht eindeutig belegt. Ebenso wenig lässt sich die Diagnose AD(H)S eindeutig und mit absoluter Sicherheit treffen, denn es ist nicht möglich zu beweisen, dass jemand mit entsprechenden Symptomen wirklich an AD(H)S leidet.

Bei den meisten betroffenen Kindern fehlen Botenstoffe zwischen den Nervenzellen im Gehirn. Die Gedanken können nur schwer zu Ende gedacht werden. Für Kinder, die unter einer AD(H)S-Diagnose leiden, ist Denken etwas sehr Schweres. Durch den Mangel der Botenstoffe sind die Hirnnervenzellen leichter und schneller verbraucht.

Der Unterschied zwischen AD(H)S und ADS

Unkonzentriertheit oder auch Unaufmerksamkeit ist meist ein Zeichen von einer AD(H)S-Erkrankung. Die meisten Menschen sind gleichzeitig verhaltensauffällig, jedoch seltener hyperaktiv. ADS und ADHS zeigen sich vom Problembild her dennoch zumeist gleich, was die schulische Leistung anbelangt.

AD(H)S ist in dem Sinne keine Erkrankung. Es gibt auch Menschen, die kaum Symptome haben oder darunter leiden. Andere leiden sehr stark und spüren einen verstärkten Leistungsdruck. Hier ist eine Therapie ein hilfreicher Ansatz.

Ursachen für AD(H)S

AD(H)S ist vor allem genetisch veranlagt. AD(H)S kann vererbt werden. Bei eineiigen Zwillingen sind zumeist in 60-80 Prozent der Fälle beide betroffen. Bei zweieiigen Zwillingen sind nur in ca. 35 Prozent der Fälle beide betroffen. Für Vater, Mutter und Kinder besteht die Wahrscheinlichkeit des 3-5-fachen Wertes, ebenfalls an AD(H)S zu erkranken.

Neben der Genetik ist ebenfalls die Umwelt ein Einflussfaktor bei der Entstehung von AD(H)S, diese Faktoren sind ebenfalls zu beachten:

- Schwierige Schwangerschaft
- Frühgeburt
- Komplikationen bei der Geburt
- Drogen und Zigaretten in der Schwangerschaft
- Medien- und Fernsehkonsum in hohen Maßen
- Wenig Bewegung
- Leben auf engstem Raum in der Großstadt
- Erziehungsfehler der Eltern und ihrer Beziehung zu den Kindern

Symptome von AD(H)S

Aufmerksamkeitsstörungen, Hyperaktivität und Impulsivität sind die drei Hauptfaktoren und Kernsymptome. Daneben können Symptome wie Desorganisation, Stimmungsschwankungen und verminderte Belastbarkeit bei Stress sowie Angstzustände hinzukommen.

Diese Kinder, die unter einer Aufmerksamkeits-Defizit-Erkrankung leiden, mit oder ohne Hyperaktivität, fordern nicht nur ihr Umfeld, sondern auch ihre Eltern und Geschwister in besonderem Umfang. Viele Eltern leben am Limit ihrer Belastbarkeit. Einige Betroffene handeln dadurch zu emotional, andere zu sensibel. Auch die Gestaltung und Planung des Alltags können allein nicht bewältigt werden. Die fehlende Konzentration führt zu Ungeduld. Negative Rückmeldungen frustrieren zusätzlich. Ein Experte zur Hilfestellung sollte immer zu Rate gezogen werden, um Fehler zu vermeiden.

Sobald Probleme mit der Konzentration bei Kindern auftreten, ist das Thema AD(H)S nicht weit entfernt. Oft werden Kinder, die sich schlecht konzentrieren können, zu schnell und voreilig mit AD(H)S diagnostiziert. Belohnungssysteme sowie Spaß können als Denkverstärker und Motivation gut eingesetzt werden. Dazu eine kleine Portion an Selbstbestimmung und schon sind die Kinder erfreut und mit von der Partie. Die Schwierigkeit in der Schule ist die nicht erreichbare Konzentration, die dann zu Problemen führt. Die Aufgaben müssen in einem bestimmten Zeitrahmen erledigt werden und ohne die fehlende Belohnung, die es vielleicht zu Hause dafür geben würde. Auch die Angst durch den Leistungsdruck sowie die Angst vor dem Versagen spielen eine große Rolle, die die Kinder zumeist dazu verleiten, den Klassenclown zu mimen.

Im folgenden Text zeige ich dir konkrete Tipps auf, worauf man unbedingt achten sollte und was man bei AD(H)S tun kann.

Konzentration und Ausdauer steigern

Um die Ausdauer zu trainieren, empfiehlt es sich, Spiele und Rituale einzusetzen, um die Konzentration zu verbessern. Das Lernen zu festen Zeiten und an festen Orten kommt der Konzentration zugute. Pausen und Bewegung müssen mit eingeplant werden.

Da die zeitlich begrenzte Konzentration nach 20 Minuten endet, sollte dies immer der Moment für Bewegung sein. Bleibe bei deinem Kind und erlebt die Spielpause zusammen an der frischen Luft oder bei einer Tätigkeit, die nichts mit dem Erlernten zu tun hat. Diese Routine wird mit kleineren Besonderheiten und Belohnungen ausgeschmückt.

Lernmotivation und Lob

Bei Kindern und auch bei Jugendlichen ist es wichtig, die Tätigkeit, die gefordert wird, mit Spiel und Spaß zu gestalten, um die Motivation zu erhalten. Die meisten Aufgaben werden nur schleppend erledigt, weil genau diese Motivation fehlt. Als Eltern kann man eingreifen und das Kind gezielt in seinen Stärken fördern und danach die Schwächen etwas verbessern. Lob und Anerkennung statt Drohen und Strafe. Auch wenn etwas falsch gelaufen ist, sollten immer erst die positiven Aspekte hervorgehoben werden. Es ist deine Aufgabe, das Kind anzuleiten, die Fehler selbst zu erkennen und gemeinsam eine Lösung zu finden. Kinder brauchen diese ständige Motivation vor allem an Stellen, an denen sie allein nicht weiterkommen.

Geduld

Unordnung bringt einen leicht dazu, die Geduld zu verlieren, zumeist in den Zeiten, in denen Geduld am meisten gefragt ist. Es braucht manchmal Zeit, bis man über solche Situationen mit einem lachenden Auge nachdenken kann. Nehmt euch etwas Lustiges, und wenn es Schnappschüsse mit dem Handy sind. Diese Bilder werden irgendwann zu etwas Schönem für euch und erinnern an die Situation, die so ausweglos erschien und doch zu meistern war. Sei ehrlich zu dir selbst und auch zu deinen Kindern. Dazu gehört auch die Ehrlichkeit, das Ende der eigenen Kraft einzugestehen. Diese Ehrlichkeit gibt euch die Möglichkeit, die Situation dennoch entspannt zu ändern und aus einem anderen Blickwinkel zu betrachten.

Keinen Druck ausüben

Vermeide es, Leistungs- oder Notendruck auf dein Kind auszuüben. Damit erreichst du sicher keine Leistungsverbesserung, sondern eher eine Leistungsverschlechterung.

Liebe und Wertschätzung

Ein Kind ist von innen nur stark, wenn es sich auch geliebt sowie wertgeschätzt fühlt. Dadurch erhalten Kinder die Kraft, auch unbequeme Wege zu beschreiten. Sie wissen, dass sie nicht allein sind und eine helfende Hand greifbar ist. Liebe ist die wertvollste Kraft. Liebe kann man nicht kaufen, nicht erzwingen, Liebe wird gegeben. Liebe ist ein Grundbedürfnis eines jeden Kindes. Sie ist wie die Sonne für die Pflanze. Ein Kind, das sich ungeliebt fühlt, wird unter Lern- und sonstigen Schwierigkeiten besonders leiden und sich allgemein schwerer tun im Leben.

Verständnis

Empathie ist die Fähigkeit, sich in die Lage des Gegenübers hineinzuversetzen. Das Interpersonal-Reactivity-Index-Modell unterteilt sich in diese Dimensionen:

- Perspektive und Übernahme: Die Situation mit anderen Augen sehen.
- Mitfühlen: Gefühle zulassen. Empathie fühlen, Wärme, Liebe, Zuneigung verspüren und geben.
- Persönlichkeit: Mitfühlen, wenn es anderen Menschen schlecht geht oder diese Personen schlechte Zeiten durchmachen.
- Empathie ohne Grenzen: Auch Mitgefühl mit Charakteren aus Büchern oder Filmen miterleben können.

Empathie bedeutet nicht nur nachzuvollziehen, sondern auch Mitgefühl zu verspüren, mitzuerleben und Verständnis zu haben. Wenn Kindern mit Empathie begegnet wird, fällt es ihnen leichter, diese selbst zu leben. Vor allem eine gute Bindung zur Familie und den Eltern macht viel aus. Die Offenheit, Hilfestellungen anzunehmen, ist bei Kindern vom Vertrauensverhältnis abhängig . Schaue nicht nur auf die körperlichen und emotionalen Bedürfnisse deines Kindes, sondern gehe auch anderen gegenüber immer mit einem guten Beispiel voran, dein Kind schaut es sich ab.

Frust & Streit begrenzen

Feste Regeln zur Erledigung der Hausaufgaben sowie eine gewisse Routine setzen die Frustrationstoleranz herauf.

Um ein Ritual wie das Erledigen der Hausaufgaben leicht zu gestalten, ist es wichtig, feste Zeiten sowie einen festen Ort mit einzubeziehen. Die Erarbeitung eines Wochenplans kann dem Kind die Orientierung erleichtern. Drohgebärden und Schimpftiraden sind der falsche Weg. Es gibt immer einen Weg ohne Streit und Frust. Diskussionen können bei festgelegten Routinen im Keim erstickt werden und solange sich alle an den vorhandenen Plan halten, wird auch das Kind seinen Platz einnehmen und finden.

Gedächtnistraining gegen die Vergesslichkeit

Betroffene Kinder mit AD(H)S sind vergesslich. Dies kann sich negativ auf den Schulalltag auswirken und wahre Probleme mit sich bringen. Checklisten können dem Kind helfen, einen Überblick zu behalten. Schaut gemeinsam, wann es dem Kind am schwersten fällt, sich etwas zu merken und legt gemeinsam eine Checkliste an. Durch die Hilfe der Checkliste werden sich bestimmte Abläufe automatisieren. Auch leichte Spiele zur Einprägung können diesen Kindern helfen. Versucht es einmal mit Gedächtnisspielen, stellt euch gemeinsam einen bekannten Gegenstand vor und versucht ihn mit Fragen zu beschreiben. Wie sieht er aus? Wie fühlt er sich an? Hat er einen Geruch? Welchen Geruch hat er? Was tut man damit? Diese Fragen regen das Gehirn an. Auch können kleine Geschichten erfunden werden, um sich bestimmte Abläufe oder Dinge zu merken. Die einzuprägenden Objekte könnt ihr einfach spielerisch in die Geschichte einbauen.

Erleichterung durch Lernmethoden

Besonders beim Lernen benötigen die betroffenen Kinder Hilfestellung. Ihr Gehirn speichert von dem Gelernten nur sehr wenig ab, dadurch ist es schwierig, später genau dieses Wissen abzurufen. Es fällt ihnen sehr schwer, sich etwas zu merken. Dagegen geschieht das Vergessen automatisch. Erinnerungen werden durch eine bestimmte Verbindung der Synapsen im Gehirn gegeben, diese sind hierbei jedoch fehlerhaft.

Nehmt euch kleine Ziele vor und überfordert euch nicht. Diese Ziele sollten in Stücke zerlegt werden. Diese Stücke werden nach und nach mit Belohnungen erarbeitet. Es gibt keine spezielle Lernmethode, jedoch kann man sich vieles zunutze machen.

Durch Ausprobieren und Erforschen gelingt es schnell, die richtige Hilfestellung für das jeweilige Kind zu finden. Kleine Richtlinien für Kinder mit AD(H)S gibt es jedoch und an diese sollte man sich halten. Verbildlichungen, keine zu langen Lerneinheiten über 20 Minuten, Wiederholungen und das Lernen in kleinen Schritten. Nutzt die Verbildlichung und erstellt euch kleine Kärtchen, Videos oder Tonaufnahmen zum Üben. Diese Methoden, verbunden mit den Richtlinien und kleinen Belohnungen sowie einer Routine, können viel bewirken.

Extrinsische Motivation nutzen

Die Motivation als extrinsische Motivation hervorzurufen, bedarf äußerer Reize. Diese Motivationsquellen von außen können der Wunsch nach Anerkennung, Belohnung sowie auch die Angst vor Misserfolgen und Versagen sein. Es gibt dabei keine intrinsische Motivation. Die Aufgabe wird nicht um ihrer selbst erledigt, sondern erfolgt aufgrund des Wunsches, belohnt und anerkannt zu werden.

Einfach ausgedrückt: Stelle deinem Kind Belohnungen in Aussicht, zum Beispiel immer dann, wenn es gute Noten nach Hause bringt. Bei einer „1“ könntest du ihm eine Konzertkarte seines Lieblingssängers schenken und bei einer „2“ könntest du ihm ein Videospiel schenken. So wird es extrinsisch motiviert sein, da es die Belohnung erhalten möchte, die ihm in Aussicht gestellt wird.

Reizarme Umgebung suchen

Achte darauf, dass die Umgebung leise und frei von Reizen ist und dass Pausen zwingend eingehalten werden. Es sollte immer ein Rückzugsort zur Verfügung stehen, zu dem sich die Kinder von allein begeben können. Schaffe ein ruhiges Refugium. Gerade der Ort, an dem gelernt wird, sollte extrem reizarm gestaltet sein.

Ausdauernde Sportarten betreiben

Für Kinder mit AD(H)S ist es sehr wichtig, sich auszupowern. Sie müssen ihre überschüssige Energie herauslassen und beim Ausdauersport gelingt das besonders konstruktiv. Als geeignet haben sich Sportarten wie Tennis, Schwimmen, Aerobic, Radfahren oder auch Nordic Walking erwiesen.

Auszeiten nehmen

Geplante Auszeiten senken das Stresslevel. Durch Planung kann im Leben vieles einfacher sein. Ohne koordinierte Termine versinkt der Alltag schnell im Chaos. Viele Menschen schieben jedoch ihre Auszeiten und Pausen vor sich her. Sie sind es nicht gewohnt, einfach einmal nichts zu tun. Dabei sind die kleinen Pausen zwischendurch sehr wichtig: Es kann sich auch um den Heimweg handeln, den man einfach mal nur für sich hat.

Morgens vielleicht eine Runde im Wald laufen.

Ein gutes Buch lesen.

Ein Wochenende ohne Handy.

Feste Rituale einbauen

Die Wichtigkeit der Rituale für Kinder darf nicht unterschätzt werden.

Das Wertebewusstsein ist laut Forschern bereits ab dem dritten Lebensjahr vorhanden. Kleine Rituale können das Kind beim Verstehen des Wertesystems unterstützen. Die Kinder erhalten dadurch eine Unterstützung bei der Einhaltung von Regeln. Vor allem Rituale, die sich schnell in den Tagesablauf einfinden, haben sich bewährt.

Diese...

- fördern das Verständnis der Sprache sowie das Lernen und Konzentrieren
- unterstützen die Selbständigkeit
- führen zu Halt und Geborgenheit
- helfen, Ängste zu reduzieren
- verschaffen Ordnung sowie Orientierung

Klare Regeln

Struktur und klare Regeln helfen jedem Kind. Doch AD(H)S-Kindern helfen sie besonders, sie brauchen also noch dringender Struktur. Lernen sie nicht, Regeln zu befolgen und gewöhnen sie sich keine Strukturen im Alltag und der Freizeitgestaltung an, hat das Folgen.

Sie werden sich auch als Erwachsene schwertun, strukturiert zu denken und zu handeln und letztendlich den ganz normalen Wahnsinn des Alltags zu bewältigen. Regeln, die die Eltern aufstellen, helfen also nicht nur beim sozialen Miteinander, sondern auch beim Lernen. Klare Abfolgen und Grenzen geben dem Kind Halt, den es doch so dringend braucht, gerade da es leicht abzulenken ist.

Massagen

Massagen sind für jeden Menschen, der Berührungen mag, eine Wohltat. Sie helfen dabei, herunterzufahren, zu entspannen und lockern die Gliedmaßen. Deshalb sind sie absolut zu empfehlen für Kinder mit AD(H)S. Wichtig ist, dass diese Massagen von einer Person durchgeführt werden, die das Kind kennt und der es vertraut. Denn sonst kann es zusätzlichen Stress bewirken.

LESE-/ RECHTSCHREIBSCHWÄCHE (LEGASTHENIE) – TIPPS FÜR ELTERN UND KINDER

Hat dein Kind Probleme, Gehörtes in die Schrift umzusetzen? Verrutschen dabei häufig die Buchstaben oder ganze Silben? Legasthenie verursacht genau diese Art von Problemen.

Eine vererbliche Veranlagung sowie Probleme mit den Seh- und Hörorganen kann ein Auslöser für Legasthenie sein. Legasthenie hat nichts mit einem niedrigen IQ zu tun oder mit Dummheit. Durch die Weltgesundheitsorganisation wurde Legasthenie als Krankheitsbild anerkannt. Dort wurde die Erkrankung untergliedert in die isolierte Rechtschreibstörung (RS), die Lese- und Rechtschreibstörung (LRS) sowie die kombinierte Störung verschiedener schulischer Fertigkeiten.

Durch die Unreife bestimmter Gedächtnisfunktionen werden diese Probleme ausgelöst. Das Großhirn steuert die Motorik, Sensibilität sowie auch die Sinnesfunktionen. Dort werden auch erlernte Informationen, wie das ABC, abgespeichert. Aus dieser Speicherung entstehen später ganze Worte, um zu sprechen und zu schreiben.

Verschiedene Zentren des Großhirns müssen erst trainiert werden. Ist zum Beispiel das Lese-Schreib-Gedächtnis noch nicht bereit, führt das dazu, dass die Voraussetzungen zum Lesen und Schreiben fehlen.

Professionelle Unterstützung kann in diesem Fall helfen. Oft fallen die Probleme vorher nicht auf, sondern werden erst in der Schule bekannt, da die Anforderungen dort plötzlich gestellt werden. Bei manchen Kindern fällt bereits im Kleinkindalter eine Tendenz zur Legasthenie auf, das ist jedoch eher die Seltenheit. Die Kinder sind meist intelligent und redegewandt, können aber ihr Gesagtes nicht schriftlich umsetzen. Auch das Lesen bereitet Probleme und geht nur langsam und schleppend voran. Inhalte können durch die Leseschwierigkeit nur schlecht erfasst und bis hin zu gar nicht wiedergegeben werden. Kinder können auch andere Merkmale aufweisen, wie zum Beispiel ganze Silben in Sätzen wegzulassen oder Schwierigkeiten beim Hören und Sehen zu haben.

Typische Eigenschaften von Kindern, die von Legasthenie betroffen sind und bereits zur Schule gehen, sind:

- Sie sind oft abwesend und „Tagträumer"
- Sie sind leicht abzulenken und haben Konzentrationsprobleme
- Sie können nicht viel auswendig lernen
- Sie haben eine auffällige Körperhaltung
- Sie können Zeit nicht so gut abschätzen und Termine nicht einhalten

Die Diagnose

Für die Diagnose ist es wichtig, zu beurteilen, inwieweit Probleme beim Lesen und Schreiben vorliegen. Um dies zu ermitteln, wird ein altersgerechtes, testtheoretisches, fundiertes Instrument miteingebracht. Des Weiteren werden die Konzentration, das Seh- und Hörvermögen sowie ein Schreibtest mit in die Beurteilung einfließen.

Der Grund für diese Förderdiagnostik ist, dem Kind die richtigen, auf es abgestimmten Hilfsmittel zukommen lassen zu können, damit es die bestmögliche Hilfe für sich erhält.

Kindern muss verständlich gemacht werden, dass die Laute der gesprochenen Wörter aus den einzelnen Buchstaben bestehen. Sie müssen ein genaues Hinhören üben, um die Laute sprechgetreu aufschreiben zu können. Kinder haben noch keine jahrelange Erfahrung, auf die sie zurückgreifen können. Ihr Wortschatz ist noch nicht sonderlich groß. Das Geschriebene gibt einen guten Aufschluss über das Verstandene, z.B. „sargen" für sagen. Das Kind muss verstehen, dass das Hinhören allein nicht reicht, um ein richtiges Wort wiederzugeben und zu schreiben. Es muss lernen, dass jedes Wort eine bestimmte Abfolge von Buchstaben hat. Die Reihenfolge lehnt sich zumeist an die Rechtschreibung an. Die Betonung wird nicht mitgeschrieben, beeinflusst jedoch das gesprochene Wort. Es gibt in jedem Wort eine Silbe, die komplett betont und ausgesprochen sein sollte. Um die Worte richtig schreiben zu können, ist das Erlernen der Rechtschreibung unabdingbar.

Neben der Konzentrationsförderung sollten auch die Sinne geschult werden, die man zum Lesen benötigt. Warum? Ganz einfach, weil Kinder mit Legasthenie Text oft verschwommen sehen. Das ist ein Grund, warum sie oft undeutlich lesen, Wörter vertauschen, einfach weglassen oder hinzudichten.

Besorge deinem Kind deshalb eine Leseschablone! Die Schablone hilft enorm beim Lesen, sie bildet durch ihre Farbe einen Kontrast zum Weiß des Blattes. Es sind dank der Schablone immer nur 3-5 Wörter sichtbar und man verrutscht nicht in den Zeilen. Wiederholung hilft ebenfalls! Es empfiehlt sich, viel mit Buchstaben zu arbeiten, entweder spielerisch oder in Form von Übungen. Dadurch werden die Buchstaben von den Sinnen bewusst wahrgenommen.

Was ebenfalls hilft, sind gut leserliche Schriftarten ohne Schnörkel. Die Lehrer deines Kindes sind sicher bereit, Übungsblätter und Tests mit einfach lesbaren Schriftarten zu verteilen.

Wichtig ist, keinen Druck auf das Kind auszuüben, erst recht keinen Notendruck.

Mit der Anpassung von Lernmethoden kann auch die schulische Leistung verbessert werden. Dafür wird zuerst der Lese- und Schreibprozess herangezogen. Die Methode der Graphem-Phonem-Zuordnungen erleichtert es den Betroffenen, die Unterteilung der einzelnen Wörter in einzelne Silben zu erlernen. Auch das Klatschen und Klopfen von Silben in ihren Trennungen ist hilfreich. So kann jede Silbe einzeln geschrieben und verstanden werden. Das Klatschen gibt einen Rhythmus, der auch für das laute Lesen und Sprechen genutzt werden kann.

Bei der Verbesserung der eigenen Grundeinstellung, die durch negative Rückmeldungen meist schlecht ist, kann ein Psychotherapeut helfen. Er unterstützt dein Kind dabei, eine positive Einstellung zum Lernen zurückzuerlangen. Viel Geduld und Verständnis sind das A und O für jedes Lernen mit einem betroffenen Menschen.

Rituale, Ordnung und Routine können sich auf das kaum vorhandene Selbstbewusstsein positiv auswirken und dieses aufbauen.

Die Legasthenie-Therapie bietet gute Ansätze, unter anderem auch extra abgestimmtes Lernmaterial.

Bei den Übungen mit Legasthenikern ist eine deutliche und klare sowie langsame Aussprache sehr wichtig. Auch die Buchstabierung muss angelernt werden. Beginne mit leichten und kurzen Wörtern und steigere das Pensum erst in kleinen Schritten. Danach können leichte Diktate die Bindung zwischen Hören und Sehen sowie Schreiben festigen.

Da die Informationen im Gehirn nicht fehlerfrei aufgenommen und verarbeitet werden, ist es schwieriger für die Kinder, etwas wie das ABC zu erlernen. Was diesen Kindern jedoch helfen kann, ist die Verbildlichung. Kinder können leichter in Bildern denken und sich erinnern. Ein Kind ist ein Kind. Ob mit oder ohne

Legasthenie, es wird sich gern einen Comic oder Film ansehen. Es gibt Lernvideos, die auf Zeichentrickfolgen basieren und leichte Übungen beinhalten. Dadurch, dass diese Übungen versteckt sind, merkt das Kind nicht, dass es lernt. Es lernt dadurch unverkrampft und ohne Druck sowie mit Spaß.

Lachen beim Lernen ist ein positiver Ansatz und empfiehlt sich besonders. Nutze diesen Ansatz und übe mit deinem Kind in lustigen Reimen. Das Kind wird das nicht bewusst als Lernen wahrnehmen, sondern wird es als witziges Spiel betrachten.

Wie wäre es mit einem „Wäscheklammer-Memory“? Dazu wählst du gedanklich ein Objekt, malst das Bild auf Papier und klebst es auf Pappe. Unter das Bild schreibst du in Druckbuchstaben den Namen. Danach versiehst du ganz viele Wäscheklammern mit Buchstaben von A-Z und breitest diese auf einer großen Decke aus. Nun geht es darum, spielerisch das Gedächtnis zu fördern. Dafür setzt ihr euch neben diese Decke und nehmt euch wie beim Lotto eine der Pappen mit einem Objekt darauf. Auf „Los“ muss jeder sich die Buchstaben suchen und an die Pappe stecken. Wer zuerst fertig ist, ruft das Wort laut. Es fördert das Lesen, aber der Spaß steht im Vordergrund. Egal, für welche Methode ihr euch entscheidet, schaut immer, dass ihr mit Bildern arbeitet.

Rechenschwäche (Dyskalkulie) – Tipps für Eltern und Kinder

Das arithmetische Denken steuert das Rechenvermögen, eine Dyskalkulie entspricht also einer Rechenschwäche. Hier gilt ebenfalls, dass diese Schwäche keinesfalls etwas mit der Intelligenz eines Menschen zu tun hat. Menschen, die unter einer Dyskalkulie leiden, können bestimmte mathematische Sachverhalte nicht richtig umsetzen, es fehlt an einem gewissen mathematischen Verständnis.
Die Diagnose dieser Schwäche obliegt dem Facharzt sowie dem schulpsychologischem Fachangestellten. Es gibt kaum Anhaltspunkte, weshalb eine Diagnose sich als schwierig gestalten kann. Um die Diagnose dennoch zu festigen, braucht es eine nummerische Häufung von Anhaltspunkten.

Das Üben von Mathematikaufgaben sowie das Erlernen der Formel allein bringen leider nicht viel. Durch eine Therapie kann das nötige Grundverständnis für Zahlen und ihre Funktion aufgebaut werden, auch das Mengenverhältnis muss erst erlernt werden.

Eine Heilung jedoch gibt es nicht. Die Betroffenen werden ihr Leben lang Probleme haben, diese Aufgaben zu lösen. Die Dyskalkulie ist laut der Einschätzung der WHO international als psychische Erkrankung anerkannt.

Symptome

Das Verzählen oder das Verrechnen, und das trotz Nutzung der Finger beim Zählen, sind leider keine Seltenheit. Einer sowie Zehner werden genauso wie ganze Zahlen vertauscht. So wird die 12 nicht als solche, sondern als 21 anerkannt. Unter dem Druck einer Klassenarbeit ist alles, was mühsam erarbeitet wurde, noch schneller als normal vergessen. Auch die Reihen des 1x1 werden ohne Verständnis auswendig gelernt. Ein Erkennen der falschen Ergebnisse ist für das Kind selbst nicht möglich. Außerdem werden Rechensymbole oft nicht erkannt und Zahlen übersehen. Zudem werden Zahlen oft falsch abgeschrieben oder verdreht.

Eine lerntherapeutische Förderung muss bei den ersten Anzeichen einer Dyskalkulie angefordert und in Anspruch genommen werden, um schnelle Hilfe leisten zu können.

Was tun bei Rechenschwäche?

Auch hierbei ist es den Eltern möglich, die Kinder zu unterstützen.
Sei immer ehrlich zu deinem Kind und erkläre ihm offen, was es für eine Schwäche hat und was dies bedeutet. Auch bei Schwierigkeiten beim Lösen von Rechenaufgaben sollte Verständnis gezeigt und gemeinsam ein Weg gesucht werden.

Die Beobachtung des Kindes kann zeigen, wann sich Situationen im Alltag anbieten, Mathematik mit einzubeziehen. Durch den spielerischen Umgang mit Zahlen fällt es dem Kind leichter, mit den Defiziten umzugehen. Wiederholungen sollten umgestaltet werden, um interessant zu bleiben und immer wieder aufs Neue ein Erfolgserlebnis zu schaffen.

Je früher das Problem erkannt und in Angriff genommen wird, umso schneller kann geholfen werden. Durch gemeinsame Gestaltung macht das Lernen schnell wieder Spaß. Die Behandlung der zusätzlichen Symptomatik darf nicht außer Acht gelassen werden und muss auf jeden Fall immer mit einbezogen werden.

Tägliche Probleme mit Kopfschmerzen, Ängsten und mangelndem Selbstvertrauen gehören zur Tagesordnung.

Eine Einzeltherapie scheint in diesen Fällen mehr Sinn zu ergeben als das Behandeln des Problems in einer Gruppe. Experten sind in der Lage, vernünftig zu unterstützen und durch ihre Zusammenarbeit mit dem Betroffenen schnell zu erkennen, welche die richtige Herangehensweise ist. Ob mit Computerspielen, Apps oder doch einfachen, altersgerechten Lernspielen, es gibt immer einen Weg.

Spieltipps bei Rechenschwäche:

- Confusion
- Zahlenfolge-Spiel
- Kniffel
- Ligretto
- 6 nimmt

Wie auch bei Kindern mit AD(H)S oder Legasthenie ist es wichtig, keinen Druck oder Notendruck auszuüben. Nichts ist wichtiger als Lob. Mit Lob wird das Selbstwertgefühl des Kindes wiederaufgebaut. Schon mit kleinen Erfolgen lässt sich das Selbstbewusstsein hervorragend aufbauen. Dyskalkulie-Betroffene sollten nicht unbedingt an normale Lernhefte herangehen, da diese nicht für sie ausgelegt sind. Spezielle Übungsblätter sowie Arbeitsmaterialien können erworben und somit eine Gefahr der Überforderung vermieden werden.

Eine schöne Alternative ist es, zusammen zu backen. Das trainiert das Gefühl für Mengen und verbildlicht diese dabei. Zusammen einkaufen kann auch eine schöne Idee sein, bitte beginnt jedoch nicht, die Preise zusammenzurechnen, das wäre unproduktiv und überfordernd. Geht spielerisch heran. „Oh, diese 500g Tomaten sind genauso schwer wie diese 500g Butter, obwohl sie nach viel mehr aussehen. Und schau nur, das Mehl wiegt genauso viel wie die beiden Packungen Zucker." Es geht nicht darum, den Kindern immer gleich mit Formeln zu begegnen, wichtiger ist es, das Kind zu begeistern. Manchmal fehlt auch einfach die Sympathie zum Lehrer/zur Lehrerin in der Schule, sodass das Kind weniger bereit ist, zu lernen. Um in Bereichen zu lernen, in denen es Probleme hat, bedarf es Vertrauen. Ist dieses nicht vorhanden, wird auch nicht wirklich gelernt.

Objektives Denken kann von einem Kind allein nicht verlangt werden. Es sollte sanft dazu angeleitet werden. Frage dein Kind, ob es etwas finden kann, das genauso schwer ist wie die Packung Nudeln. Es kann sein, dass es mit etwas Falschem zurückkommt, da es kein oder kaum ein Gefühl dafür hat. Erkläre mit Spaß, woran man das Gewicht auf Verpackungen erkennt. Der Bezug zur Schwere bleibt weiterhin erst einmal weg, aber das Kind lernt die Zahlen zu vergleichen. Ein Verständnis für das Aufsteigen der Zahlen bei mehr Gewicht entsteht im Unterbewusstsein.

Kinder mit Rechenschwäche sind durch die vielen negativen Rückmeldungen schon ganz verkrampft, bevor es überhaupt losgeht. Umso wichtiger ist es, die kleinen Lerneinheiten in den Tagesablauf einzubauen und zu verstecken. Nur wer mit einem freien Kopf an etwas Neues herangeht, hat auch eine Chance, es abzuspeichern und abrufbar zu machen.

NOTEN-NOTFALLKOFFER – WIE DU SOFORT BESSERE NOTEN SCHREIBST

„Erste Hilfe bei schlechten Noten!"

In diesem Kapitel findest du einen Noten-Notfallkoffer. Er dient dir als erste Hilfe, wenn du mal ganz dringend Tipps und Tricks benötigst und keine Zeit mehr hast, das Buch zu lesen oder verschiedene Lerntechniken auszuprobieren. Vielleicht steht dir schon in Kürze eine Prüfung bevor? Dann findest du hier die besten Lerntipps zusammengefasst, die dir auf die Schnelle helfen, bessere Noten zu schreiben.

Natürlich empfehle ich dir trotzdem, dir Zeit zu nehmen, meinen Ratgeber komplett durchzulesen und dein bisheriges Lernverhalten zu reflektieren.

In meinem Noten-Notfallkoffer findest du eine hervorragende Erste Hilfe. Ich habe dir einen Notfallplan ausgetüftelt, mit dem du blitzschnell die Lage checken, dich rasch vorbereiten und schließlich noch eine gute Note kassieren kannst. Bitte bediene dich nicht routinemäßig an diesem Plan, sondern greife nur darauf zurück, wenn du es furchtbar eilig hast. Um dauerhaft Bestnoten zu bekommen und außerdem noch effektiver und cleverer zu lernen, solltest du dir Zeit nehmen, diverse Lerntechniken auszuprobieren beziehungsweise umzusetzen.

So läuft der Notfallplan ab:

1. **Analyse: IST und SOLL – was ist auf die Schnelle möglich?**
2. **Bist du motiviert?**
3. **Prüfungsvorbereitung und Planung**
4. **Besonders effektive Lerntechniken für Aufschieber**
5. **Tipps, mit denen du deine Lernzeit verkürzen kannst**
6. **1 Tag vor der Prüfung**
7. **Geschafft, belohne dich!**

Also, lass uns gleich starten, denn schließlich handelt es sich um einen „Noten-Notfall" und du hast ja nicht mehr viel Zeit!

Schritt 1

Analyse: IST und SOLL – was ist auf die Schnelle möglich?

IST = Wie ist dein aktueller Stand? Was von dem Lernstoff beherrscht du schon, der abgefragt wird?

Schreibe es dir genau auf.

SOLL = Wie ist der gewünschte Zustand, also der SOLL-Zustand? Das heißt: welchen gesamten Lernstoff solltest du dir aneignen, um in der Prüfung zu glänzen? Schreibe dir genau auf, was abgefragt wird.

Dann analysiere, wie viel an eingeprägtem Lernstoff dir noch fehlt, um den Soll-Zustand zu erreichen.

Schritt 2

Motiviere dich!

Schreibe alles auf, was dir spontan einfällt, was dir Freude bereitet und was du als Belohnung empfindest. Im nächsten Schritt filterst du deine Belohnungen dann in „umsetzbar" und „nicht umsetzbar". Jetzt hast du eine Liste mit starken Belohnungen, mit denen du dich ab sofort motivieren kannst.

Kategorisiere nun diese Belohnungen in ihre Belohnungswerte: A=sehr hoher Belohnungswert, B=mittlerer Belohnungswert und C=niedriger Belohnungswert. Für Tests zwischendurch wählst du einfach eine Belohnung aus der C-Liste, wohingegen du für eine sehr große und wichtige Prüfung oder sogar deine Abschlussprüfung eine Belohnung aus der A-Liste wählst. Die A-Liste kannst du natürlich auch mit deinen Eltern absprechen, vielleicht erfüllen sie dir deinen Wunsch vom Traumurlaub oder kommen für deinen Führerschein auf, wenn du einen grandiosen Schulabschluss hinlegst.

Gönne dir die Belohnung wirklich nur dann, wenn du sie dir verdient hast. Und verzichte keinesfalls auf sie, wenn du deine Bestnote ergattert hast. Du solltest dich so schnell wie möglich belohnen, sobald du von deiner guten Leistung erfahren hast. Am besten noch am selben Tag.

Schritt 3

Prüfungsvorbereitung und Planung

In Schritt 1 hast du bereits zusammengefasst, welchen Lernstoff du lernen sollst. Nun geht es an die Planung dessen.

Anmeldung und Fristen

Wann findet deine Prüfung statt? Musst du dich eventuell anmelden? Schreibe dir die Fristen auf und melde dich rechtzeitig an.

Arbeitsmaterialien auflisten

Gibt es Bücher oder Quellen, die du zum Lernen benötigst? Richte dir alles her. Denke auch an Materialien wie Stifte, Papier, Leuchtmarker usw.

Inhalte ordnen

Setze dich damit auseinander, welcher Lernstoff dir eher leicht und welcher dir eher schwerfällt. Kategorisiere den gesamten Stoff so und halte das schriftlich fest. Für den Lernstoff, der dir schwerer fällt, planst du mehr Lernzeit ein.

Zeitplan

Überlege dir grob, wann du lernen kannst. Bist du eher ein Morgenmensch oder lernst du spätabends besser?

Kalender

Nun wird es konkreter. Du erstellst dir also einen genauen Zeitplan und teilst den Lernstoff so auf, dass du ihn dir bis zur Prüfung angeeignet hast. Die Zeit bis dahin sind x-Tage oder x-Wochen, die rechnest du dir natürlich vorher anhand des Kalenders aus. Denke wieder an die Lerneinheiten, die du nach Schwere eingeteilt hast. Für die schwierigeren Lernstoffe nimmst du dir mehr Zeit.

Lernplan erstellen

Im Anschluss erstellst du einen konkreten Zeitplan, am besten in deinem Schülerkalender oder auf ein großes Blatt Papier, das du dir zuhause aufhängst. Denke an 15 Minuten Pause nach jeder einzelnen Lerneinheit.

Beispiel-Lernplan:

Uhrzeit	Montag	Dienstag	Mittwoch	Donnerstag	Freitag
8-10 Uhr	Schule	Schule	Schule	Schule	Schule
10-12 Uhr	Schule	Schule	Schule	Schule	Schule
12-14 Uhr	Schule	Schule	Schule	Schule	Schule
14-16 Uhr	Lerneinheit 1	Schule	Freizeit	Freizeit	Freizeit
16-18 Uhr	Lerneinheit 2	Freizeit	Lerneinheit 1	Lerneinheit 1	Lerneinheit 1
18-20 Uhr	Freizeit	Freizeit	Lerneinheit 2	Lerneinheit 2	Lerneinheit 2
20-22 Uhr	Freizeit	Nachbereiten	Freizeit	Freizeit	Nachbereiten

Schritt 4

Besonders effektive Lerntechniken für Aufschieber

Am besten lernt es sich meist in der **Gruppe**. Hierbei profitierst du nicht nur von mehr Spaß, sondern auch vom Wissen anderer. Du wirst dich wunderbar mit deinen Lernpartnern ergänzen, denn jeder hat seine Stärken und Schwächen und kann so einen Teil zur Gruppe beitragen und anderen bestimmte Stoffe erklären. Voraussetzung, um diese Lerntechnik anwenden zu können, ist natürlich, dass du eine Gruppe findest. Gibt es vielleicht Klassenkameraden, die ebenfalls knapp dran sind und denen dieselbe Prüfung bevorsteht?

Dann tut euch unbedingt zusammen! Genauer beschrieben wird diese Lerntechnik im Kapitel „Die besten Lerntechniken für Gruppen".

Selbstverständlich möchte ich dir eine Alternative anbieten, falls du nicht die Möglichkeit hast, in einer Lerngruppe zu lernen. Im Kapitel „Die besten allgemeinen Lerntechniken" findest du die Methode **„Bilder im Kopf"**. Sie eignet sich sehr gut, um sich Lernstoff schnell einzuprägen. „**Lernkarten**", also Karteikärtchen anzulegen, empfehle ich dir ebenfalls. So schaffst du dir nicht nur einen guten Überblick über den Lernstoff, sondern prägst ihn dir zusätzlich durch das Niederschreiben ein. Außerdem kannst du die Kärtchen immer wieder in die Hände nehmen, um zu wiederholen und dich damit selbst abzufragen. Schreibe dafür das Thema vorne drauf und auf die Rückseite des Kärtchens die Antwort, also den konkreten Inhalt dazu. Das eignet sich zum Beispiel gut für das Fach Geschichte. Vorne kannst du dir eine bestimmte Schlacht draufschreiben und auf der Rückseite, wann und wo sie stattgefunden hat und wie sie ausging.

Schritt 5

Ein Tag vor der Prüfung

Einen Tag vor der Prüfung gönnst du dir Erholung. Last-Minute wird hier nichts mehr gelernt! Nutze den Tag, um den Lernstoff kurz zu wiederholen und dich auszuruhen. Achte unbedingt auf guten und ausreichenden Schlaf. Sei stolz auf dich, denn du hast es geschafft! Bereite schon mal alles vor, was du am nächsten Tag benötigst und mitnehmen solltest.

Schritt 6

Tag der Prüfung

Am Tag X der Prüfung ist es wichtig, dass du viel trinkst. Packe auf dem Weg zum Prüfungssaal alle Dinge ein, die du benötigst. Zum Beispiel Arbeitsmaterialien wie Stifte, Papier, Taschenrechner usw. Denke aber auch an Getränke und Snacks oder Traubenzucker. Bevor du dich auf den Weg machst, frühstücke ausgiebig und entspannt.

Schritt 7

Du hast es geschafft. Jetzt wird es Zeit, dir deine in Schritt 2 ausgewählte Belohnung zu gönnen!

Übersicht zum Lernmaterial

Um keine Langeweile beim Lernen entstehen zu lassen, gibt es Lernmaterialien, die Abhilfe versprechen. Hier werden diese vorgestellt:

- **Bücher** sind das wohl bekannteste, meist genutzte und älteste Lernmittel der Zeit. Um aus ihnen Lernstoff zu beziehen, eignen sich Fachbücher, Lexika, Fachzeitschriften und wissenschaftliche Sammlungen von Texten.
- **Internet** ist heutzutage fast überall vorhanden. Es wird für jede erdenkliche Art der Suche, Beschaffung und Aneignung genutzt. Auch hier findet sich viel Lernmaterial, was jedoch immer auf seine Richtigkeit geprüft werden sollte.
- **Computer - Laptop - Smartphone:** Mit einem Computer fällt es besonders leicht, Präsentationen zu erstellen. Doch auch der Lernzweck bleibt hier nicht aus, bieten sich neben dem Lesen auch die Möglichkeiten der Lernvideos. Auch gibt es viele Online-Angebote zum Lernen. Dabei bieten sich Gruppen an sowie Material zum alleinigen Erarbeiten. Ein großer Pluspunkt ist auch die Funktion der Vernetzung, so können per Skype oder Zoom ganz einfach Kollegen, Freunde, Lehrer oder auch Coaches erreicht werden.
- **Karteikarten** sind vor allem beim Wiederholen und Erlernen eine große Hilfe. Sie sind bestens geeignet, um allein zu lernen und sich mit ihnen selbst abzufragen.
- **Hörbücher** eignen sich gut für jede Art von Lernmaterial. Besonderen Nutzen zeigen diese auch beim Erlernen einer Fremdsprache. Man lernt nicht nur Vokabeln, sondern bekommt gleichzeitig ein Gefühl für die Aussprache.

- **Stift & Papier** werden immer genutzt, ob beim Lernen, Briefe schreiben, skizzieren & visualisieren oder auch, um sich einfache Notizen zu machen. Was ist so praktisch daran? Sie sind immer griffbereit.
- **Übungsblatt**: Dies kennt jeder aus der Schule. Doch anders als beim Test oder einer Prüfung dient es hier der Selbstkontrolle und dem Lernen. Manche Übungsblätter beinhalten gleichzeitig nützliche Tipps und Lösungsvorschläge.
- **Zirkel & Geodreieck & Taschenrechner:** Gefühlt alle Schuljahre sind dies die Begleiter des Alltags, doch auch später können sie von Nutzen sein. Vor allem in der Mathematik sind sie unverzichtbar. So sollte bei Übungen in diesen Bereichen immer dafür gesorgt werden, dass alles bereitliegt.
- **Textmarkierer** sind gute Hilfen beim Markieren von wichtigen und relevanten Stellen. Es gibt diese in unterschiedlichen Farben, wodurch man sich auch dort einen besseren Überblick verschaffen kann.
- **Tablet & Pen** gehören fast wie Ying und Yang zusammen. Es gilt als das moderne Papier und der moderne Stift. Praktisch ist, dass sich die zusammengestellten Informationen schnell auf allen mobilen Geräten sowie dem Computer verteilen lassen. Auch Diagramme oder Mind-Maps können ohne Probleme damit erstellt werden. Viele Tablets haben passende Vorlagen installiert.
- **Lernhilfe digital:** Podcast, Lern-Apps, Lernvideos, Skype-Calls oder Lerngruppen - die Möglichkeiten sind unbegrenzt. Es stehen auch Apps zum Vokabeltraining zur Verfügung. Ebenso existiert die Möglichkeit, sich die Vokabeln gegenseitig abzufragen, indem man per Skype in Verbindung tritt.

Um das Lernen zu unterstützen, findest du in der heutigen Zeit mehr als genug Hilfe. Du brauchst nur das Rüstzeug finden, das zu dir passt.

SCHLUSS

Ich hoffe, dass du nun eine für dich wichtige Entscheidung getroffen hast: Clever zu lernen!

Du willst dich in Zukunft kontinuierlich weiterentwickeln, endlich vorwärtskommen, Erfolge feiern und dabei auch noch Spaß haben? Dann werde nun aktiv und beginne mit der Umsetzung. Erfolg hat drei Buchstaben: T-U-N! Vergegenwärtige dir nochmals das Gelesene und entwickle daraus die für dich beste Lernstrategie.

Wenn du herausfindest, welche die für dich beste Lernmethode ist, wirst du auch mehr Freude und Spaß beim Lernen empfinden können. Belohne dich selbst. Nur kontinuierliches Lernen bringt dich im Leben weiter. Oftmals lernst du ja auch schon unbewusst. Weiterentwicklung ist von unglaublich hoher Bedeutung, denn Stillstand bedeutet Rückschritt. Stelle dich den Herausforderungen, aus ihnen wirst du das Meiste lernen. Gehe deinen eigenen Weg und übernimm Verantwortung für deinen Lernerfolg.

Denn du lernst weder für deine Eltern, noch für deine Lehrer - sondern nur für DICH!

Ich wünsche dir dabei viel Erfolg und Freude.

Bonus: Wie du glücklicher wirst

Das ganze Leben dreht sich darum, das Glück zu finden. Nicht nur Erwachsene, sondern auch immer mehr Jugendliche machen sich Gedanken darüber, was Glück eigentlich ist und wie sie es erreichen können. Wissen wir denn, wonach wir genau suchen? Wie zeichnet sich Glück eigentlich aus? Und wenn wir es gefunden haben, bleiben wir dann dauerhaft glücklich?

Wenn du gern eine Antwort auf diese Fragen hättest, dann sollte dich dieses Kapitel sehr interessieren. Vielleicht hast auch du dir schon mal gewünscht, glücklicher zu sein. Viele Kinder und Jugendliche leiden unter dem enormen Leistungsdruck, sei es in der Schule oder beim Sport. Auch der Druck, der von Gruppen ausgeht, kann einen belasten. Man möchte ja nicht „dumm dastehen" vor seinen Freunden. Ob du glücklich bist oder nicht, hat eine erhebliche Auswirkung auf deine Noten. Fühlst du dich unglücklich, niedergeschlagen oder gestresst, wirst du weniger Energie haben zu lernen.

Das ganze Leben gelingt einem besser mit einer ordentlichen Portion Glückseligkeit und Optimismus, auch das menschliche Gehirn ist leistungsfähiger.

Fühlst du dich gut, bist du automatisch konzentrierter und gehst die Dinge positiver an.

Solltest du das Gefühl haben, dass es dir gerade nicht so gut geht, dann steigere doch ganz einfach dein Glückslevel! Lass dich von nichts unterkriegen und kümmere dich mehr um dich. Leidest du stark, unter was auch immer, solltest du dich im Übrigen unbedingt an deine Eltern oder eine erwachsene Bezugsperson wenden. Bestimmt kann sie dir helfen, dein Problem zu lösen und dafür sorgen, dass es dir schon bald besser geht. Kommuniziere deine Bedürfnisse offen und nimm dir Pausen, wenn du welche brauchst. Nicht immer wissen oder merken dir nahestehende Personen, was in dir vorgeht. Teile dich also mit!

Nun kommen wir zur Theorie des Glücks...

Glück ist ein gewünschter, erstrebenswerter Zustand in dieser Gesellschaft. Seit Anbeginn der Menschheit begleitet diese das Streben nach Glück. Es gab keine Zeit, zu der dies nicht so gewesen ist.
Aber woran liegt es eigentlich, ob man glücklich ist oder nicht? Manchmal scheint es so, als wenn nur Auserwählte das Glück finden, während der Rest der Menschheit suchend bleibt. Hat man das Glück endlich als Gast in seinem Leben, dann scheint es nur auf Durchreise zu sein und ist meist schnell wieder verschwunden.
Glück lässt sich nicht einfangen und einsperren, nicht mit Schloss und Riegel. Kann es sein, dass der Mensch einfach nicht dazu gemacht ist, glücklich zu sein?

Was Glück wirklich ist und ob es eine Chance auf dauerhaftes Glück gibt, erkläre ich dir nun...

Was bedeutet Glück?

Es gibt viele verschiedene Auslegungen des Glücks. Letztendlich kommt es darauf an, was es für den einzelnen Menschen selbst bedeutet. Forscher bringen das subjektive Wohlbefinden mit Glück in Verbindung: Beim subjektiven Glück handelt es sich um ein wundervolles Lebensgefühl, das man gern verspürt und von einer Person selbst als Glück bezeichnet wird.

Bei der wissenschaftlichen Definition des Glücks findet neben dem subjektiven auch das objektive Wohlbefinden Beachtung, zumindest dann, wenn es darum geht, die Lebensqualität zu bemessen und zu vergleichen.

Die Forschung befasst sich mit den Spuren und dem wahren Sein des Glücks, was aktuell als „Glücksforschung" bezeichnet wird. Um eine objektive Messung zu Stande zu bekommen, befassen sich die Forscher mit repräsentativen Studien sowie empirischen Forschungsmethoden. Dabei werden Personen unter anderem nach ihrem persönlichen Glücksempfinden befragt. Ergebnisse sollen anzeigen, ab wann ein Mensch glücklich ist.

Wie lange kann der Mensch glücklich sein?

Jeder Mensch hat sich wohl schon einmal vorgestellt, beim Lotto oder einem Rubbellos zu gewinnen und sich einfach mal ein teures Auto, neue Kleidung, ein neues Haus kaufen zu können. Sich wahren Luxus gönnen zu können und keine Geldsorgen mehr zu haben.

Viele Menschen stellen sich vor, endlich glücklich zu werden, wenn sie im Lotto gewinnen oder reich werden. Doch das trifft nicht pauschal zu.

Geld kann Menschen zwar durchaus langfristig glücklicher machen, allerdings ist dies nur der Fall, wenn diese zuvor in finanziellen Nöten waren. Ansonsten hat der plötzliche Lottogewinn keine dauerhafte Glückswirkung. Menschen, die zwar nicht reich sind, denen es jedoch finanziell gut geht, passiert Folgendes: Nach anfänglicher Euphorie baut sich das Glückslevel wieder ab, es pendelt sich also ein, zurück in den Zustand, den es vor dem Lottogewinn hatte.

Wie werden Menschen ein Leben lang glücklich?

Manche Mitmenschen scheinen das Glück anzuziehen. Diese Sonntagskinder haben für alles ein Händchen und egal, was sie sich vornehmen, es gelingt. Doch wie stellen sie das nur an?

Ein wirklich wichtiger Faktor ist die innerliche Einstellung. Sie leitet das Herangehen an Aufgaben und bestimmt den Tagesablauf. Durch eine positive innere Einstellung kann man also einen Teil seines Glücklichseins beeinflussen. Niemand außer dir selbst ist dafür verantwortlich, ob du glücklich oder schlecht gelaunt bist. Du entscheidest dies jeden Tag selbst.

Bedenke aber, dass sich jeder mal in schwierigen Situationen befindet oder Schicksalsschläge erlebt. Niemand ist immer gut gelaunt, das sollte also nicht dein Anspruch sein.

Um das subjektive Wohlbefinden eines Menschen zu beeinflussen, kommen noch ganz andere Faktoren hinzu. Deine Gene und deine Umwelt haben ebenfalls einen großen Einfluss auf dein Glück. Die Erbanlagen spielen also eine Rolle für dein persönliches Glücksempfinden. Glückspilze geben ihr hohes Glückslevel automatisch an ihre Nachkommen weiter. Doch keine Sorge, nicht nur Menschen mit „guten Genen" können glücklich sein. Du kannst trotz nachteiliger Erbanlagen lernen, dein Glückslevel zu steigern und dein Glück aktiv zu gestalten. Menschen mit guten Genen haben es schlichtweg einfacher, glücklich zu sein.

Glückslevel steigern

Lächle dir dein Glück

Lächle. Durch das (wenn auch künstliche) Lächeln oder Lachen wird die Muskulatur des Kiefers bewegt. Die Anhebung dieser Muskeln löst aus, dass ein Botenstoff an das Gehirn gesendet wird, was wiederum Glückshormone freisetzt.

Schlaf, der Weg zum Glück

Ohne Schlaf kann der Mensch nicht existieren. Der Körper und der Geist brauchen diese Erholungspause. Schlafmangel kann zu ernsthaften Erkrankungen führen. Schlafe also ausreichend und gönne dir Pausen, damit du die besten Voraussetzungen schaffst, um glücklich zu sein.

Schreibe deine positiven Gedanken auf

Dankbarkeit ist eines der schönsten Gefühle. Doch wie lernt man, dankbar zu sein? Nimm dir einen Zettel und einen Stift, vielleicht auch ein Tagebuch zur Hand. Schreibe jeden Tag mindestens drei Zeilen darüber, was dich an diesem Tag dankbar gemacht hat. Nach einiger Zeit wirst du ein dankbarerer Mensch sein.

Ziele setzen

Antrieb ist die Wunderwaffe des Menschen. Zumeist erhalten Menschen ihren Antrieb aus ihren eigenen Zielen. Versuche es: Setze dir kleine, erreichbare Ziele und steigere diese. Die Ziele sollten erreichbar, aber auch herausfordernd sein. Dein Tagesablauf wird durch ganz neue Energie beeinflusst.

Positive Affirmationen

Positive Affirmationen sind bejahende Glaubenssätze sich selbst gegenüber. Wenn du dir täglich solche Affirmationen laut vorsagst, hat dies eine erhebliche Wirkung auf dein Unterbewusstsein. Nach einer gewissen Zeit verankern sich diese positiven Sätze in dir, du glaubst und fühlst sie also wirklich. Damit dies jedoch funktioniert, ist es wichtig, dass du dich nicht bewusst oder unbewusst gegen die Affirmationen sträubst. Deshalb sollten diese „glaubhaft“ sein, du solltest dich also mit diesen anfreunden. Wenn du beispielsweise schwer krank bist und dir sagst „ich bin ganz und gar gesund“, wird das dein Unterbewusstsein ablehnen, egal wie oft du es dir vorsagst. Sage dir stattdessen „mir geht es schon besser“, das wird eine positive Wirkung haben, denn dein Unterbewusstsein wird sich nicht dagegen sträuben.

Nicht immer „ja“ sagen

Hilfsbereitschaft ist eine gute Eigenschaft, jedoch ist es auch wichtig, dass du nicht vergisst, zuerst auf dein eigenes Befinden zu schauen. Wenn du dich nach Ruhe sehnst, nimm dir einfach eine Auszeit. Sage auch einmal „nein“ zu Hilfsanfragen.

Locker bleiben

Bevor du dich in eine stressige Situation bringst, schaue genau, welche Form von Stress dort auf dich wartet. Positiver Stress oder negativer? Während der eine einem Kraft gibt, einen anheizt und fördert, bringt der negative Stress nichts Gutes mit sich. Depressionen, Angstzustände und das Gefühl zu versagen treten häufig ein, wenn man dauerhaft negativem Stress ausgesetzt ist. Gesunder Stress darf in Maßen gern vorkommen. Doch negativer Stress sollte stets vermieden werden.

Hobbys erhalten und neue finden

Hobbys machen Spaß. Spaß fördert die Glückshormone. Umso wichtiger ist es, vor allem nach stressigen Lerneinheiten oder Arbeitstagen, sich seinem Hobby zu widmen. Hole dir vor dem Schlafen oder nach einer stressigen Zeit immer etwas Entspannung durch spaßige Hobbys. Suche dir auch neue Beschäftigungen, die dir Freude bereiten.

Tagebuch

Überlege, was deine schönsten Erlebnisse und Momente waren und bringe diese zu Papier. So kannst du in schlechteren Zeiten immer darin lesen und dir das Glücksgefühl zurückholen. Das Gehirn ist nicht nur fähig, Gerüche oder Texte zu speichern, sondern es kann sich auch an Gefühle genau erinnern und diese abrufen.

Vergeben, Vergessen, Verzeihen

Vergebung spielt auch in alten Geschichten eine große Rolle. Wie groß die Rolle der Vergebung ist, wird vor allem im Hinblick auf die Gesundheit eines Menschen bewusst. Der Ballast des Ärgers, Grolls und der Wut legen sich wie ein „Stress-Mantel“ auf die Psyche und schwächen das Glücksgefühl. Versuche es mit der Wortlaut-Methode: Sprich laut und deutlich aus, was du wem vergeben möchtest und warum. Schäme dich nicht, wenn Tränen, Trauer und Wut aufkommen, sondern lass alle Gefühle zu. Führe diese Übung am besten durch, wenn du allein bist und es keine Störfaktoren gibt.

Mit einem Gefühlswandel sind immer Emotionen verbunden. Lass ihnen also freien Lauf und schaffe neuen Platz in deinem Herzen, indem du von altem Groll, egal ob gegen dich selbst oder andere, endlich ablässt.

DANKE

Danke, liebe Leserin, lieber Leser,

ich freue mich, dass ich dir mit meinem Buch einen neuen Einblick in die Welt des Lernens gewähren durfte. Für deine Aufmerksamkeit bedanke ich mich herzlich und hoffe, dass dir das Lesen viel Freude bereitete.

Nun wünsche ich dir viel Spaß und Erfolg beim Lernen und ***ganz viele Bestnoten***!

Dein Michael Bergmeier

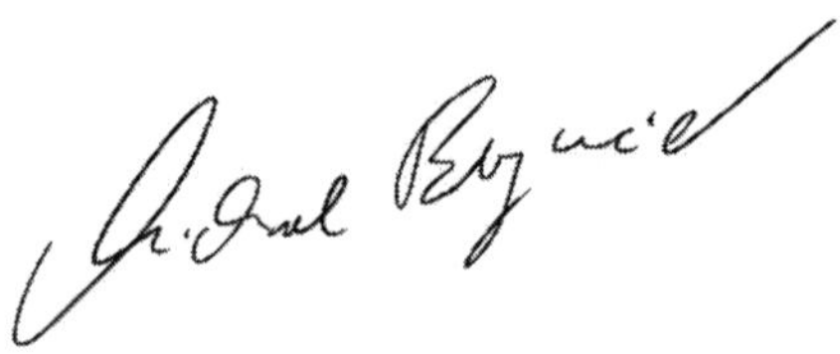

ICH FREUE MICH ÜBER DEIN FEEDBACK

Für mich ist es sehr wichtig, Feedback zu meinem Buch zu bekommen. Wenn du Anregungen oder Verbesserungsvorschläge hast, so schreibe mir doch bitte eine Mail an:
info@virtuoso-verlag.de

Bevor du eine schlechte Bewertung abgibst. Ich freue mich sehr über konstruktive Kritik. Da es mich viel Zeit und Energie gekostet hat, dieses Buch zu erstellen, wäre ich dir sehr dankbar, wenn du mir anstelle einer schlechten Bewertung deine Verbesserungsvorschläge persönlich zukommen lässt. Denn so hätte ich eine Chance, deine Kritik anzunehmen und mein Buch zu verbessern.

Über eine Rückmeldung in Form einer Rezension auf Amazon würde ich mich ebenfalls sehr freuen. Diese kannst du wie folgt erstellen: Besuche auf Amazon.de die Produktseite des Artikels, für den du eine Rezension erstellen möchtest. Klicke unter Kundenrezensionen auf „Kundenrezension verfassen“. Bewerte den Artikel und verfasse deine Rezension.

Alternativ kannst du diesen Link benutzen, der dich direkt auf die Seite leitet, auf der bestellte Produkte zu bewerten sind. Der Link ist verschlüsselt und sicher:
https://virtuoso-verlag.de/Amazon-Bewertung

ÜBER DEN AUTOR

Michael Bergmeier ist ein erfolgreicher Unternehmer, der sein Hobby, das Schreiben, zum Beruf gemacht hat. Er widmet sich regelmäßig den Themen der „Psychologie & Karriere" für den Verlag VIRTUOSO.

Michael verfügt über einen großen Erfahrungsschatz im Management sowie im Umgang mit Menschen. Er war über 5 Jahre als Ausbilder tätig und hat ein besonders gutes Gespür dafür, junge Menschen zu motivieren. Mit viel Empathie und Geschick treibt er andere regelmäßig zu Höchstleistungen an. Seine Mitarbeiter schätzen ihn vor allem für seine souveräne Art zu führen, sein fachliches Know-how und seinen Humor.

Der fokussierte Autor widmet sich seit über 15 Jahren der Persönlichkeitsentwicklung und psychologischen Themen, wie zum Beispiel der Manipulation oder dem Lernen. Die bewährten Methoden und cleveren Techniken, die der Autor in seinen Büchern vorstellt, wendet er alle selbst an, um seine Ziele noch schneller zu erreichen.

Michael lebt mit seiner Familie in der Alpenregion und geht in seiner Freizeit gern wandern. „Beim Bergsteigen kriege ich meinen Kopf frei und tanke neue Kraft, die ich im Job gut gebrauchen kann", verrät der Autor. Er bleibt stets auf der Erfolgsspur, liebt neue Herausforderungen und weiß sich selbst zu motivieren.

Lassen auch Sie sich von seinen Büchern inspirieren und holen sich jetzt seine Ratgeber, damit Sie ab sofort Ihre persönlichen wie beruflichen Ziele erreichen.

HAFTUNGSAUSSCHLUSS

Der Autor übernimmt keinerlei Gewähr für die Aktualität, Korrektheit, Vollständigkeit oder Qualität der bereitgestellten Informationen und weiteren Informationen. Haftungsansprüche gegen den Autor, welche sich auf Schäden materieller oder ideeller Art beziehen, die durch die Nutzung oder Nichtnutzung der dargebotenen Informationen bzw. durch die Nutzung fehlerhafter und unvollständiger Informationen verursacht wurden, sind grundsätzlich ausgeschlossen, sofern seitens des Autors kein nachweislich vorsätzliches oder grob fahrlässiges Verschulden vorliegt. Alle Angaben wurden vom Autor mit größter Sorgfalt und nach bestem Wissen und Gewissen recherchiert oder spiegeln seine eigene Meinung wider. Der Inhalt des Buches passt möglicherweise nicht zu jedem Leser und die Umsetzung erfolgt ausdrücklich auf eigenes Risiko. Es gibt keine Garantie dafür, dass alles genau so, bei jedem Leser, zu genau den gleichen Ergebnissen führt. Der Autor und/oder Herausgeber kann für etwaige Schäden jedweder Art aus keinem Rechtsgrund eine Haftung übernehmen.

Urheberrecht

IMPRESSUM

Michael Bergmeier
c/o easy-shop
K. Mothes
Schloßstraße 20
06869 Coswig (Anhalt)
info@virtuoso-verlag.de
1. Auflage 2020

VIRTUOSO
books and more

Covergestaltung: Wolkenart – Marie-Katharina Becker, www.wolkenart.com
Lektorat: M. H.
Fotos: www.depositphotos.com
Bilder: M. F.

Printed in Poland
by Amazon Fulfillment
Poland Sp. z o.o., Wrocław

21391438R00070